謊言的哲學

Løgnens filosofi

拉斯・史文德森 著
黃煜文 譯

Lars Fr. H. Svendsen

導論

我驚訝的不是你對我說謊，
而是我再也無法相信你了！
——尼采（Friedrich Nietzsche），《善惡的彼岸》（*Beyond Good and Evil*）

每個人都會說謊，而每個人都會譴責說謊的行爲。即使我們同意說謊是不對的，但我們還是會說謊。我們會爲了自己的利益說謊，可能是爲了讓自己看起來更好或沒那麼差；也可能是爲了避免遇到麻煩或不快。我們也會爲了他人說謊，也許是爲了避免傷害他們的感情或讓他們覺得不舒服。要分辨我們是爲他人說謊還是爲自己說謊並不容易——我們總喜歡對自己說：我們是爲了他人才說謊。然而當我們這麼做的時候，其實是在對自己說謊。

我不記得自己第一次說謊是什麼時候，也不記得說了什麼謊。我第一次說謊或許是三、四歲大的時候，因爲人類第一次說謊通常是在那個歲數，而說謊的原因可能是做錯事怕挨罵。我從來不是一個擅長說謊的人，但我的父親卻很會說謊。他說的其實都是一些無傷大雅的謊，頂多只能算是惡作劇。哥哥與我總是被父親的謊話耍得團團轉，但母親卻總能看穿。我從未成功用謊言愚弄過任何人。身爲家中年紀最小的成員，缺點之一就是家裡其他成員都擁有比我更好的心理素質。這是爲什麼我一直無法成爲一個擅長說謊的人——我幾乎不可能騙過任何人，因此也就懶得設想如何說謊騙人。

儘管如此，我並未完全放棄說謊。自從意識到自己能夠說謊之後，我就開始對身邊的每個人說謊。我對我的父母、哥哥、妻子、女朋友、子女、朋友與同事說謊。然而在坦承這一點之後，我又會突然想澄清：我絕大多數時候對他們都是誠實的。誠實不光只是一種良好性格的展現。事實上，如果能夠誠實，你的日子會過得比較輕鬆。說謊的人必須牢記的事情是說實話的人的兩倍，不僅要記住實際上發生了什麼事，還要記住自己說了什麼話。我希望自己能過一個比較不複雜的人生。因此對我來說，誠實不僅關乎道德，也關乎我自身的方便。然而，只考慮自己的方便，無法為個人的道德生活建立堅實的基礎。

我說過的所有謊言，我會說絕大多數是「善意的」。我曾經為了保護某些人而直接對他們說謊，或是間接向第三方說了跟當事人有關的謊言。然而，我也曾經說過不少「中性」或「惡意」的謊言，當我說這兩種謊時通常是為了自己，也就是說，如果我說實話，反而會比說謊話造成更多的麻煩與問題。我希望我沒有說出太多非常惡意的謊言，因為人們往往是為了傷人才故意說這樣的謊。我說的謊應該絕大多數屬於善意的謊言。然而，這是否代表說謊完全沒有關係？善意的謊言在道德上是否可接受的？當然，我也可能是在自欺欺人，也許實際上我欺騙了自己，讓我以為自己並不是那種不誠實的人。然而，我認為自己不至於是如此。

絕大多數人在大部分狀況下都是誠實的。絕大多數人說謊的次數遠低於平均，這是因為極少數人說的謊大幅提高了平均數。[1]整體而言，在人們的對話中，謊言只占非常少的比例。然而，這不表示說謊不是一種非常重要的現象。如果情節十分嚴重，謊言很可能毀掉婚姻、友誼、事業或人生。

目前與說謊有關的哲學討論主要圍繞在幾個問題上：謊言是什麼？什麼使謊言成為謊言？謊言與其他相關的現象有何不同？這些討論絕大多數出自於語言哲學。[2]我將一一處理這些問題，但我的研究著重倫理層面。社會心理學針對說謊做了廣泛研究，但本書提及社會心理學的部分不會太多。[3]儘管如此，本書依然會簡要介紹社會心理學的一些發現。人們直接面對面時比較不容易說謊；相反地，像是在傳簡訊時則比較容易說謊。雖然考慮到外向的人比內向的人有更多的社會互動，但外向的人確實比內向的人容易說謊。男人與女人說謊的程度相當，但女人說謊通常是為了避免傷害他人的感情；男人說謊則是為了吹捧自己。最後一點也很重要，我們比較少對親近的人說謊，一旦我們對親近的人說謊，心裡通常會不好受。

本書第一章試圖從概念上釐清所謂的「說謊」到底是什麼。因此，我們將仔細檢視「真實」（truth）與「符合真實」（truthfulness）的概念，我們也將對說謊與說謊的近親「似是而非」（truthiness）與「鬼扯」（bullshit）做出區別。說謊是指，在聆聽你說話的人有理由相信你說的話是真實的狀況下，你選擇告訴對方你認為不真實的內容。這類最基本的詞彙必須給予精確的定義，如此才能有助於更深入的討論。第二章將從哲學倫理學的立場討論各種說謊的觀點。我們大致上可以認定說謊幾乎百分之百是錯的，即使「善意的謊言」也不例外，但在特殊情況下，我們依然可以爲某些說謊的行爲找到辯護的理由。接著我們將在第三章探討某種謊言類型，也就是自欺。大家都知道人類特別喜歡自欺，但我們似乎也有義務對自己誠實。如果你是廣泛自欺下的「受害者」，如果你無法對自己誠實，那麼你就不可能對他人誠實；如果你無法相信自己，他人也不可能相信你。

說謊是錯的，但對朋友說謊更是大忌，因爲你已經與朋友建立了特殊的信任關係。這也將成爲第四章討論的主題。相較於「認識的人」或陌生人，朋友之間負有較強的義務要誠實。這代表即使有時眞話不中聽，你也得對朋友說眞話。關於友誼與說謊的思考，絕大多數也可套用於伴侶與配偶身上，而且因爲我們通常在談親密關係時，是一種更緊密的連結，所以在這種連結裡，一旦出現因爲謊言而使信任破裂的情況，將構成特別嚴重的背叛。

在第五章，我們將從那些親密關係中的說謊，一躍來到社會層面的說謊，並且觀察說謊在政治領域中的地位。我們將探討說謊在政治領域中可以或應該扮演什麼角色，檢視說謊帶來之重要哲學貢獻，並且討論一些思想家的看法，如柏拉圖（Plato）、馬基維利（Niccolò Machiavelli）、霍布斯（Thomas Hobbes）、韋伯（Max Weber）與鄂蘭（Hannah Arendt）。之後，我們將目光轉向現實生活中的政治，討論政治人物——我們將特別著重在國家領導人身上——說謊的原因與他們的理由在道德上是否站得住腳。在第五章的末尾，我們將討論眾人眼中最會說謊的政治人物：唐納・川普（Donald Trump）。

最後一章結論，我要探討我們應該如何理解謊言：不僅包括我們自己的謊言——關於這點，答案十分明顯，那就是我們應該盡可能避免說謊——也包括去理解他人會說謊的事實。絕大多數人都不太能夠分辨誰在說謊，誠實與不誠實的「徵兆」，其實沒什麼用。研究這些徵兆，頂多只能讓你成爲一個更會說謊的人，而不是成爲一個更能看出誰在說謊的人。眞正明智的做法，是在大多數時候相信人們告訴你的都是眞話，原因很簡單，因爲大多數時候人們總是說實話。雖然有時我們會遭到愚弄，但偶爾被騙，總比一輩子疑神疑鬼、不信任他人來得好。

1 什麼是說謊？

眞實與符合眞實

你可能會認爲，要解釋說謊是什麼，需要先有一個完善的、關於「眞實」的理論，因爲一般認爲說謊是眞實的反面。不過其實不需要，因爲說謊的反面不是眞實（truth），而是符合眞實（truthfulness）。從日常層面探討眞實的意義，其實一點也不複雜。阿恩・內斯（Arne Næss）調查一般人對眞實的看法，結果奧斯陸（Oslo）維塔科倫社區（Vettakollen）的家庭主婦與其他人給了一個相當尋常的答案，他們說，如果一件東西原本的樣子就是那樣，那麼這件東西就是眞的。[1]他們的回答與亞里斯多德（Aristotle）很接近。亞里斯多德在《形上學》（*Metaphysics*）表示：「把不是的東西說成是，或者把是的東西說成不是，這是虛假；把是的東西說成是，把不是的東西說成不是，這是真實。」[2]「雪是白的」這段陳述，若且唯若雪眞的是白的，這段陳述才爲眞。

這種對眞實的理解看似合理，但或許還不夠具啟發性。接下來我們當然要問，某件事物「是」什麼究竟是什麼意思，以及我們是否有可能判斷某件事物眞的「是」什麼。我們需要更多的說明，我們需要對眞實是什麼做「更深刻」的解釋。幾千年來，哲學家已經提出許多理論，試圖解釋眞實的本質。然而我們今日得到的答案，卻不見得比二千五百年前更令人感到滿意。有的理論認爲，眞實是陳述與事實相符；有的理論則認爲，只要陳述能與我們認定爲眞的一整組陳述相容，該陳述即爲眞。

想找到令人滿意的眞實理論之所以困難，問題或許出在我們注定找不到這樣的理論。一般的眞實理論有一個共通的假設：即這些理論都相信眞實具有一個核心內容，可以透過理論加以發現；或者是相信眞實具有某種性質，可以透過理論加以解釋。然而也有許多的研究發現，「眞實」的概念極爲基礎，因此我們無法用更深刻或更基礎的事物來指稱它。某種程度上我可以認同眞實理論的存在，一種所謂極簡的眞實理論。極簡的眞實理論認爲，如果我們談到是否有大約六百萬名猶太人被納粹殺害，那麼眞實的答案是肯定的。如果我們問人類是否有四十六條染色體而馬鈴薯有四十八條，眞實的答案也是肯定的。極簡的眞實理論主張的眞實不過是如此，不同的事物要根據各自的特定標準來判斷，這當中並不存在「深層的」或「令人興奮的」性質，也不存在一切事物共有的能夠囊括「眞實本質」的內容。或許我們應該滿足於極簡的眞實理論，因爲我們都知道說實話的意思是什麼，亦即，是什麼就說什麼。

日常生活對眞實的理解，已經足以滿足我們的目的。「倫敦是英國首都」，「七月四日是美國獨立紀念日」，「黃金比水重」*，「太陽比月球大」與「二加二等於四」，這些都是瑣碎的眞實陳述，任何一個神智清楚的人都不會懷疑這些陳述是眞實的。我們可以說，這類陳述屬於典範性的眞實（paradigmatic truths）。我們也可以舉出一些具典範性但尚未發現或也許永遠無法發現的眞實。舉例來說，我們不知

* 編註：黃金密度爲 19,320 kg/m^3，純水密度爲 997 kg/m^3，同樣體積的黃金大約比水重 19.3 倍。

道是誰殺了瑞典首相奧洛夫・帕爾梅（Olof Palme）。瑞典當局表示，他們相信某人必須爲首相的死負責。我們則認爲，瑞典當局的這段陳述蘊含著可以發現的眞相，因此「某人殺害奧洛夫・帕爾梅」的主張是眞實的。至於這段陳述是否蘊含道德眞實或審美眞實，則是一個較具爭議性的問題，不在本書的討論之列。

你是不是在說謊，判斷的標準不在於你說的話是眞是假，而在於你相信自己說的話是眞是假。如果我在報紙上讀了一篇文章，上面提到某人遭到定罪，我把這項訊息告訴你，但之後發現，報導這起案件的記者在寫稿時不小心漏掉了「未」字，因此這個報導實際上是說，這個人並未遭到定罪。在這種情況下，我告訴你的訊息雖然不眞實，卻不表示我對你說謊。因此，一個人有可能在並未說謊的狀況下說了假話，只因爲這個人搞不清楚自己說話的內容是眞是假。要構成說謊，重點不在於一個人說的話是假的，而是他相信自己說的話是假的。如果我說首相與反對黨領導人有婚外情，而我也確定自己說的不是事實，卻希望我身邊的人相信我說的話，那我就是在說謊。即使多年之後，首相與反對黨領導人的回憶錄表示他們當初確實有婚外情，也無法改變我說謊的事實。由此我們可以瞭解什麼是眞正的謊言：謊言成立的關鍵，在於一個人如何看待自己講述的事情，而不在於事情的眞假。

說謊的反面不是眞實，而是符合眞實。英國哲學家伯納德・威廉士（Bernard Williams）強調眞誠與精確是符合眞實的兩個重要美德。[3]眞誠指告訴他人我們對於一件事的眞實看法；精確則指盡力呈現一件事的眞實樣貌。如果你完全不區別事情的眞僞，那麼無論你再怎麼眞誠也沒有用；如果你說的不是你內心眞實的想法，那麼無論你再怎麼精確也沒有意義。一個人必須同時做到眞誠與精確，才能成爲可靠的人。因此，違背眞實有兩種狀況：一種是不精確，還有一種是不眞誠。

如果我們從精確開始談起，那麼很明顯地我們必須依照涉及主題之重要性，來判斷應該付出多少努力查證一個想法是否可靠無虞。因爲如果我們要求所有的事情都必須達到最確定可靠的程度，那麼我們一定什麼事都做不成。做什麼事都必須達到最高標準，這樣的要求顯然太嚴苛。有些事我們的要求較爲徹底，採取的觀點也較爲廣泛深刻，或甚至考慮到其他的可能。有時候我們則必須務實地做出目前證據已經足夠的決定。而在日常生活充斥的各種瑣碎小事中，我們沒有必要每一件事都深入追究或探討各種可能。然而，如果你要傳達重要的意見，或做出影響深遠的決定，那精確的標準就必須更嚴格。如果你從不確認自身觀點的精確程度，那麼你便失去了發表觀點的道德權利，連帶地也沒有權利要求他人爲你的觀點背書。當然，思想自由是基本人權，我們無權強迫他人必須表達眞實的觀點，但法律問題並未免除我們的道德義務，我們依然有責任檢視自己的觀點是否精確。

我們必須區別「符合眞實」（truthfulness）與「似是而非」（truthiness）*的不同。似是而非是二〇〇五年美國方言學會（American Dialect Society）選出的年度詞彙，這個詞彙最初是由美國喜劇演員史蒂芬・荷伯（Stephen Colbert）所創，用來形容某種修辭策略，這種策略允許一個人使用直覺而非仰賴既有的事實與邏輯來判斷眞實。然而這種策略蘊含著一種錯誤假設，認爲一旦事情看起來或感覺起來是眞的，而且實際上也是眞的，那麼就不需費神去調查事實。在這種情況下，一件事是否眞實，不是由客觀事實決定，而是由發言者的情感決定。這種想法基本上是在說，如果我們「感覺」某件事是眞的，那麼這件事就是眞的。這種思考的問題在於，我們無法區別「覺得爲眞」與「實際爲眞」。根據這種理論，我們將不可能搞錯任何事物。世界上將不再有眞實，而只是存在著各種似是而非（truthy）的想法。唯有當我們承認人類可能犯錯時，我們才能談論眞實。如果我們無法區別看起來是眞的與實際上是眞的有何不同，我們就不可能討論眞實之物。「眞實」將成爲毫無意義的表達。

然而，我們永遠無法確定我們相信爲眞的事物實際上是否確實爲眞。因此，我們相信爲眞的事物往往只是暫時的。眞實是超越證據的（evidence-transcendent），亦即，原則上，眞實總是超越我們爲了證明某種主張而提出的證據。換言之：無論我們提出多全面的理由主張某事爲眞，我們總是存在犯錯的空間。我們永遠無法完全確定我們主張爲眞的事物實際上是否確實爲眞。因此，我們必須總是考慮到自己可能犯錯，並且持續尋求新的眞實。唯有如此，我們才能說自己是個負責而成熟的眞實追求者。我們永遠無法志得意滿，因爲今日看似自明的事物，到了明日很可能化爲無望的泡影。那麼，這是否表示我們永遠無法更進一步探索世界的

* 編註：又譯爲「眞實性」（truthfulness）與「感實性」（truthiness）。

眞實？我想事情也沒那麼悲觀。雖然我們永遠無法得知自己是否已經發現最終的眞實，但至少我們會持續發現錯誤、更正錯誤並且將錯誤拋諸腦後。

德國哲學家康德（Immanuel Kant）表示，啟蒙觀念驅使人類運用自身的「理智」（understanding）來超越「自己招致的不成熟」（self-incurred immaturity）：

> 啟蒙就是人類從自己招致的不成熟中解放出來。不成熟指的是沒有他人的指引就無法運用自己的理智。這種不成熟之所以是自己招致的，在於不成熟的人並不缺乏理智，而是沒有他人的指引便缺乏決心與勇氣去運用自己的理智。啟蒙因此有一句格言：敢於認識！（Sapere aude，要有勇氣運用「自己的」理智！）[4]

這不是說我應該忽視他人的想法，而是我不僅應該爲自己的想法負責、堅持追求眞實與良善；也應該爲我傳達給他人的想法負責。我無法完全控制眞實，因爲眞實總是超越我爲了證明某事爲眞而提出的理由，但我可以控制自己的眞實，我可以決定自己要努力說出眞實。

說謊的本質

要清楚定義謊言並不容易，因爲謊言的定義不是非黑即白，而是有程度之分，在語言所造成的誤解與謊言之間，並不存在清楚明確的界線。如果你說的每一件事都是眞的，但你忽略了一項關鍵資訊，導致整個描述失眞，此時你會發現自己已經踏進了謊言的邊緣地帶。有些哲學家，例如康德，認爲這種狀況不算說謊，只能說是一種欺騙的陳述，還不至於像說謊一樣惡劣。

我目前提出了眞實的兩個重要美德，並且已經討論了其中一個美德，也就是精確。精確指能夠表達事物而不造成誤解。當我們思考什麼是謊言時，關鍵因素不能只局限在特定的話語上面。即使你說的話從字面來看完全是眞的，然而只要你說話的目的是爲了讓人相信虛假的事，那麼你說的話依然是假的。我們知道，柯林頓（Bill Clinton）在提到與陸文斯基（Monica Lewinsky）的關係時曾表示：「我（現在）跟她沒有不適當的關係。」就字面的意思來說，柯林頓說得沒錯，因為在他說話的當下，他並未與這位白宮實習生有任何關係，但柯林頓說這句話的目的，卻是要讓人相信，他與陸文斯基過去也從未有任何不適當的關係。當柯林頓被要求進一步解釋他的陳述究竟是什麼意思時，他表示：「這句話的意思是沒有性關係，沒有不適當的性關係或任何其他種類的不適當關係。」記者接下來又問了一個問題：「你跟這名年輕女性從未發生過性關係？」柯林頓又回道：「沒錯，我們（現在）沒有性關係。」記者詢問的是柯林頓的過去，但柯林頓卻一直用現在式來搪塞，他的回答從字面來看眞實無誤，但我們依然可以合理認為柯林頓在說謊，因為他明知自己說的是假話，卻又要大家相信他說的是眞話。

我們不能光從陳述的字面意義來判定陳述是不是謊言——要是如此，使用隱喻與諷刺這類修辭技巧的人，不可避免地都將成為說謊話的人。相反地，就算你的陳述從字面意義來看完全眞實，也不必然表示你說的是實話。你當然可以堅持自己的陳述在字面意義上完全眞實，所以不是謊言，但你無法從自己的堅持得到任何好處，因為你的陳述在語言學形式上依然是一種欺騙，你在道德上就跟說謊一樣，完全站不住腳。

如果我們把「未能充分而完整地說出眞話」也理解爲說謊，那麼我們說出來的話基本上全是謊話，因爲我們永遠無法說出充分而完整的事實。原則上，每個現象都是無窮無盡，我們不可能窮盡地描述每個現象。即使是一天做了多少工作這種瑣碎問題，一般人也絕對無法完整列出來。如果我要在課堂上簡要地介紹康德的理論哲學，那麼我必須省略一些細節——雖然是細節，但許多都非常重要——因爲不這麼做的話，恐怕無法讓學生對康德的複雜理論有簡要的概觀。然而，我通常會提醒學生，儘管康德的理論要比我提供的解釋更加複雜一些，我的解釋已經提及康德的核心，而且在各方面兼顧到其整體學說，足以讓他們對康德的理論有一定認識。如果你是醫生，且要向病人推薦特定的療法，你不可能解釋「所有」可能的風險；你只能針對幾個重要的風險進行說明。

只有當我們刻意省略一些東西不提，並且把事情描述得跟我們所知的事實不符時，我們才開始朝說謊的道路邁進。然而這只是開頭，接下來上場的是眞實的第二個美德，也就是眞誠——在這裡，我們會看到謊言不著痕跡地過渡到政治上所謂的粉飾（spin）*或策略溝通（strategic communications）。政治人物總是謹慎篩選資訊，他們只會讓對自身立場有利的細節出現在公眾面前。粉飾也可以用來形容辯護律師在法庭上的「終結辯論」（closing argument），他會偏重對己方有利的證據來證明被告清白，儘管他很清楚自己舉出的證據只是複雜現實的一小部分。

挪威刑法典（Norwegian Penal Code）曾經有條文規定，以「虛假陳述」（false representation）試圖影響他人投票者，最高可處三年有期徒刑。不過這項條文已經擱置，因此相關的懲罰規定也跟著廢止。如果嚴格執行這項條文，那麼所有的政治人物都將人人自危。然而，選舉承諾似乎是一種拘束力不高的言語形式。你可以問問選民，他們是否會合理預期在選戰中聽到許多實話。在選戰中，民眾當然不會同意有意傳布不實訊息是一種正當行爲。委婉與誇大是一回事，公然說謊則是另一回事。如果你無法合理確定自己在當選後可以兌現選舉承諾，那麼你就不應該做出承諾；如果你說謊，那麼你當然應該承擔後果。我們必須坦承，在選戰時，選民早已習慣政治人物誇大其詞或大開空頭支票，導致選民對誠實的要求似乎比平日來得低，儘管如此，選民依然無法接受赤裸裸的說謊。

政治公關無疑會造成誤導，但政治公關依然不算說謊。只有當你試圖讓他人相信「你」不相信的事時，才算是說謊。奧古斯丁（Augustine of Hippo）把說謊定義爲：爲了欺騙他人而向他人說出自己不相信的事。[5]哲學界在定義謊言時，對於是否該把誤導或欺騙的意圖也涵蓋在內，一直存在很大的爭論。當我們意圖說明一個騙子的定義時，我們通常會想像有人故意說出自己不相信的事來欺騙他人。儘管如此，我依然認爲欺騙不應該涵蓋在說謊的「定義」裡，因爲儘管不存在欺騙他人的意圖，有些陳述卻是顯而易見的謊言。

如果有人認爲，謊言必定是用來騙人，目的是讓人相信虛假的內容，那麼一旦有人說了假話，而且說話的人除了知道自己說的是假話，也知道聽他說話的人知道他說的是假話，在這種狀況下，我們將很難判斷這個說假話的人算不算說謊。簡言之，有些謊言實在太明顯，明顯到根本不具有欺騙他人的意圖。舉例來說，假設我是個惡名昭彰的竊盜癖，大家都知道我有這樣的惡習。某日在上班時間，

＊編註：亦可稱之「政治公關」。在英文媒體中政治公關顧問被稱爲「spin doctor」、「spinmeisters」。

坐在我隔壁的同事為了拿列印的資料而暫時離開座位，她桌上的錢包馬上不翼而飛。事實上，是我偷走她的錢包。她問我，錢包是不是我偷的，我斷然否認。我沒有說實話，而且我很清楚自己沒說實話。此外，由於我在辦公室裡早已聲名狼藉，我知道錢包的主人還有其他同事都不相信我，因此我絕對無法欺騙任何人，也無法讓他們相信與事實——我偷了錢包——相反的陳述。我否認竊盜，頂多只能避免受罰，因為沒有人能證明我偷了同事的錢包。我說謊是顯而易見的事，儘管我說謊並不具有欺騙任何人的意圖。

另一個例子是穆罕默德・賽義德・薩哈夫（Mohammad Saeed al-Sahhaf），他是薩達姆・海珊（Saddam Hussein）的新聞部長，有「小丑阿里」（Comical Ali）之稱，這是因為他在二〇〇三年美國入侵伊拉克期間，每天負責進行新聞簡報，即使所有在場的新聞記者都知道美軍戰車就在幾百公尺之外，以及當他簡報時美軍與伊軍交火的聲音已清晰可聞，薩哈夫依然堅稱沒有任何一輛美軍戰車進入巴格達。薩哈夫不可能相信自己說的話是真的，也不可能相信有人會相信他的話。儘管如此，他的陳述依然是謊言。

沒有人會刻意用露骨的謊言騙人，這種謊言是一種例外，它的重要性不高，因此不會成爲我們接下來討論的重點。當我提到「謊言」時，我並未詳細指出這些謊言屬於什麼種類，我討論的謊言是一般「尋常」的謊言，這些謊言往往會刻意誤導或欺騙他人。非欺騙的謊言與欺騙的謊言都違反了人與人之間溝通交流的規則，但欺騙的謊言問題更大，因爲欺騙的謊言帶有一種強制性：欺騙的說謊者試圖剝奪對方的能力，使其無法做出自由與知情的（free and informed）選擇。

如果我要對你說謊，一般來說，我會從兩個地方誤導你：一個是我的心境，也就是我對某件事情的看法；另一個則是這件事本身。不過，這個主題還會衍生出各種變化。舉例來說，我可以藉由說實話來產生誤導的效果，亦即，我說的是實話，但聽我說話的人卻覺得我在說謊。假設我在股票市場工作，我注意到有一家公司即將上市。與此同時，有個跟我競爭非常激烈的對手也對這家公司感興趣，而他完全不信任我的看法。如果我跟他交談時，刻意誇讚這家公司的優點，並且故意表現出對這家公司很感興趣，他也許會認爲我在騙他，甚至猜測我可能知道這家公司的內幕。簡言之，他會認爲我想欺騙他，引誘他在這家公司上市時大量買進。結果他決定不投資這家公司，我因此大賺一筆。在這個例子裡，我說的是實話，但卻誤導了我的競爭對手，使他誤解我的心境。這是說謊嗎？當然不是，理由很簡單，我說的是我相信為眞的事物。另一種變化可能是，我說了一件事，跟我對話的人還有我自己都認為這件事是假的，但我描述的方式使他以為我相信這件事是眞的。在這種狀況下，我說謊了嗎？即使我的意圖只是想讓他誤解我的心境，而非誤解實際的事實，但這麼做毫無疑問也是說謊。

說謊與一般意義的欺騙，兩者之間的界線較為模糊。我可以在不說話的狀況下說謊。如果我知道在某種狀況下，我的沉默會被解釋成我同意某件事是眞的，但事實上我認為那件事不是眞的，那麼我保持沉默就等於是在說謊。我可以透過笑來說謊嗎？肯定不行，但我可以藉由笑來欺騙，如果有人自以為說了好笑的事，但實際上一點也不好笑，此時我會藉由笑來維持氣氛。在這個例子裡，我的笑不是發自內心，而是裝出來的。笑雖然不是語言，但藉由笑我可以傳達「眞是有趣！」的這個訊息。我記得我曾經參加一個有外國大使出席的晚宴，席間一位著名的挪威政治人物說了不只一個，而是好幾個笑話，而且所有的笑話都不好笑。我想在場的嘉賓，除了那名政治人物之外，都會同意我的看法。其中一個笑話是：「一個男孩與一個女孩在談戀愛，男孩說：『I love you!』女孩回道：『I love you too!』但男孩不甘示弱，他接著說：『I love you three!』」如果要誠實回應，那麼賓客們一定會望著說笑話的人，眼神流露出茫然與困惑，但這麼做勢必會讓場面十分尷尬。然而，禮貌地微笑是正確的嗎？賓客們的笑聲顯然加強了說笑話的人的幻想，使他誤以爲自己是個風趣的人，這表示他在下次晚宴時還會準備一籮筐的笑話，然後他又會聽到一連串虛假的笑聲，如此反覆循環下去。慶幸的是，此後我再也沒參加過有那名政治人物出席的晚宴。

說笑話的人講的是虛構的故事，那他這樣算不算說謊？如果你把笑話當眞的話，還眞有可能把說笑話當成說謊。舉例來說，如果有人問我，當人生走到盡頭的時候，我希望怎麼死，我會毫不猶豫地說，到了我年老體衰的時候，我希望能躺在床上，在沉睡中死亡，這會是個理想的離開人世的方式。當然我也可以利用這個機會開個小玩笑，我會說：「我希望跟我的祖父一樣，在睡夢中死去，而不是像我祖父車上的乘客一樣，在驚恐尖叫中死亡。」第二段陳述沒有什麼眞實的成分。我不知道我的祖父與外祖父是否在睡夢中去世；他們也許在離世之前曾經短暫甦醒也說不定。但我確定的是，他們是躺在床上去世的，而不是坐在駕駛座上、拉著一群乘客一起陪葬。然而，對絕大多數人來說，我的回答顯然不是認眞的，我只是在開玩笑，當我說這段話的時候，我其實更像一名演員。這段陳述的內容，還有我講述的方式，足以讓人理解這不是眞的，因此不算說謊。

然而，不是每個人都擁有良好的幽默感，有些人確實會把笑話當眞。遇到這種情況，我會立刻澄清誤會。有些人會把聽到的東西全部當眞，他們對比喻的理解力極差。有時候我們說出來的話不符合眞實——如果照字面意義去理解的話——但因爲對話雙方完全能理解彼此的想法，所以不算是說謊。諷刺是個明顯的例子。例如，在狂風暴雨中，我說：「今天的天氣眞好！」我說的話完全不眞實，因爲從任何標準來看，今天絕對算不上是好天氣，而我也知道自己說的話不眞實，但是這依然不算說謊。我們在日常對話中會運用各種語言技巧，能使我們不執著於字面的意義，又不至於慣性說謊。

我曾經收到某個小黨成員寄來的憤怒的電子郵件，信中指控我在描述他們的政黨時說謊。事情的起因是，我在電臺訪問時提到，挪威政壇沒有人主張眞正的自由放任資本主義（*laissez faire*-capitalism），亦即，民間一切經濟交易完全不受政府干涉。然後，我補充說，有一個例外，那就是自由人民黨（Liberal People's Party），但我也指出，「這個黨的黨員少得可憐，所有的黨員全部擠進一個電話亭裡都沒有問題。」這名憤怒的來信者表示，這是赤裸裸的謊言，因爲他們的黨員人數的確多到擠不進一個電話亭裡。就某個意義來說，這名憤怒的批評者確實沒錯：根據挪威的紀錄，一個電話亭可以擠進二十個人，而自由人民黨的黨員超過二十人，這表示他們需要的不是一個電話亭，而是好幾個電話亭。不過我想對絕大多數聆聽訪談的人來說，他們可以清楚瞭解我並不是說自由人民黨的黨員不到二十人，我只是指出自由人民黨是個迷你的小黨，對於挪威的政治沒有影響力。在運用修辭比喻時，說出來的話從字面來看往往不符合眞實。儘管如此，我們可以很明顯地看出說話者沒有在說謊，只是在以修辭的方式表達自己的看法，其言語內容並非如字面意義，且在這種情境下，一般人聽了這些內容，也顯然不會拘泥於字句。

如果你遇到認識的人，但你跟對方不是很熟，他問你最近怎麼樣，你回答最近過得不錯，不過嚴格來說，你最近過得其實很不如意。在這種狀況下，我們很難說這是說謊，因爲根據社交常規，這時本來就是要說一些慣用的詞彙，與其說是進行眞正的溝通，不如說就像是在握手致意。打破社交常規會讓人覺得很奇怪，舉例來說，想像如果你在公司走廊遇見同事，你向他問好，結果他居然開始瘋狂抱怨自己痔瘡出血有多痛苦。絕大多數人不會這樣回答，而只會說「我很好」，因爲路上見到人打招呼的常規就是這樣，我們通常不認爲要做出什麼特別的回應，只需要說聲「我很好」，即使說「好」的人實際上生活過得很不如意，也不表示他在說謊。

社交場合中，我們通常不認爲對方會眞的說出內心的想法與感受。社交是必須以某種方式進行的儀式。我說出來的話可能眞的是我內心的想法，也可能不是，但無論如何，在社交場合說的話，並不是用來表示我實際的意思。社交的禮貌規範十分重要，我們不能合理預期對方說的話就是他們內心的想法，這是爲什麼如果對方說的話跟他們內心的想法不一致，依然不算說謊的眞正原因。

因此，一個人是不是說謊，要看狀況。你身處的情境，是否有必須誠實的理由？在絕大多數情況下，我們會要求做到誠實。我們可以舉一個不要求做到誠實的例子。當演員在舞臺上，飾演易卜生（Henrik Ibsen）劇中的人物布蘭德（Brand）時，他不需要誠實。演員飾演布蘭德，在舞臺上表示他相信人應該全心全意將自己奉獻給神，雖然演員本人並不這麼想，我們卻不會指責演員在說謊。這名演員有可能是無神論者也說不定。在舞臺上，演員就算扮演角色時說出自己都不相信的話，也不算說謊，因爲觀眾不會預期演員要在臺上說出自己的眞心話。

小說呢？一本書的標題頁上寫著「小說」，是否就足以說明這本書不需要表達眞實？通常是這樣沒錯。但「紀實小說」（reality fiction）卻不一定。我們可以說，紀實小說某方面來說是眞的，某方面來說又是假的。康德會認爲從定義來說，小說不可能是謊言，但小說也不可能是眞實。在《判斷力批判》（*Critique of Judgement*）中，康德指出小說運用了修辭手法而創造出幻覺，但這並不是欺騙，因爲小說並未宣稱自己是眞實的。[6]因此，小說的藝術手法是誠實的，因爲它並未宣稱自己是眞實的。紀實小說的問題在於，紀實小說並非完全處於虛構的領域之內。使用有名有姓的眞實人物可以帶來現實的效果，也能產生審美的價值，但這種從虛構跨越到現實的做法是有代價的：你必須揹負眞實的責任，而且可能淪爲說謊者。

我想賣車，我告訴可能的買家，這輛車至少要賣二萬英鎊，然而我眞正的底價是一萬八千英鎊，我這樣是不是說謊？這要看議價的地方是屬於可以合理預期眞實價格的地方，還是單純進行出價的場合。如果是後者，那人們在此只是在玩一種語言遊戲，眞實與否並不重要。如果在談到汽車本身時，我說了不眞實的訊息，那麼我是在說謊。例如，在買家合理預期自己能得到眞實資訊的前提下，我說這輛車的里程數只有三萬英里，但實際上這輛車行駛了兩倍的距離，那我就是說謊。但如果談到議價，事情就沒那麼單純了。

如果我說了我認爲眞實的陳述，但之後發現這段陳述是假的，然而我並未回頭修正之前的陳述，我是不是說謊？在我說這段陳述的時候，我並未說謊，因爲我說的是自己相信爲眞的事情；但是之後我保持沉默，等於協助先前的虛假陳述四處傳布。這麼做跟我從一開始便說謊相比，好不到哪裡去。如果我的陳述影響了一個人的聲譽，後果更是嚴重。絕大多數人都曾經協助散布過傳言，但之後卻發現這些傳言不是眞的。當你察覺到自己先前說的話有誤時，符合道德的做法應該是：你之前跟哪些人說過這個資訊，此時你就去告訴這些人說你之前說的是錯的。但其實幾乎沒有人這麼做，很可能是因爲他們覺得這麼做很丟臉。

社群媒體上的活動也應該負有眞實義務。社群媒體上的文章，一般來說都是爲了進行推薦，但也有一些文章是提出質疑。如果你貼文時根本不在乎文章內容的眞假，只是爲了讓更多人按讚或想傷害別人才貼文，那麼你就成了說謊的人。如果你相信自己貼的文章是好文章，但內文卻未提及可信的出處也未證明資料的眞實性，那麼你貼文的行爲就成了似是而非。散布傳言的人如果自己也相信傳言，那麼就不構成說謊，但這麼做也不符合眞實，因爲他並未充分確認自己散布的傳言是眞的。換言之，如果你想成爲一個能合理的、以符合眞實爲原則的人，在散布傳言時就必須小心謹愼。事實上，在社群媒體分享新聞的人，幾乎從未閱讀過自己張貼的文章；絕大多數人只看過新聞標題，他們根本不會去檢查標題是否眞的反映了文章內容。這種只看標題不看內容的狀況普遍得令人吃驚，而新聞標題的主要功能也只是用來創造點擊率。這種情況下，更不會有人在乎文章是否出自可靠的來源，或文章的內容是否有任何根據。分享文章時除非明確提出不同的看法，否則就等同於認同文章，整個公共論述因此充斥著不負責任的貼文。

維根斯坦（Ludwig Wittgenstein）寫道：「說謊是一種語言遊戲，就跟其他遊戲一樣需要學習。」[7]這是個相當奇怪的說法。當我們使用語言時，我們參與了各種訂定了規則的「遊戲」，但說謊的語言遊戲究竟有什麼規則？總而言之，在維根斯坦的哲學架構裡，說謊是一個難以處理的棘手現象。維根斯坦的一項基本原則是：要理解內在過程總是需要外在標準。[8]因此，問題就變成：謊言的外在標準是什麼？陳述的眞實與否無法成爲判斷謊言的外在標準，因爲一個人就算說了不眞實的陳述，如果他從一開始就誤以爲虛假的陳述爲眞，那麼他依然不構成說謊。能夠用來分辨說話者是否說謊的標準是說話者的特定「目的」，也就是說話者是否想隱藏自己內心的想法。而這種特定目的如何從外在「顯露」出來？答案是，要從外在看出說話者的特定目的並不容易。由於說謊是一種特定的語言遊戲，因此我們最好把說謊視爲一種刻意違反語言遊戲規則的行爲，正如下西洋棋時，如果有人讓城堡走斜的，就明顯違反了規則。

另一方面，說謊顯然需要學習。想成爲一名熟練的說謊者，必須培養判斷力，而這需要練習。例如，你必須能夠說出相關且可信的話。假設我與鄰居長期不睦，而某日我的鄰居被人發現已經死亡，他的身體依然溫熱，背上插著一把菜刀，警察問我當天上哪兒去了，我不能回答說，我去了南極，因爲那顯然不是眞的。我也不能說，我去了北半球，雖然這可能是眞的，但範圍太大，聽起來像是有意規避警察的問題。我也不能回答，我認爲新冠肺炎會持續下去，而且將造成嚴重的經濟後果，雖然我確實相信這段陳述，但這段陳述與這件案子完全無關。這三個答案都無法眞實地回答問題。第一個回答是個謊言，而且是個糟糕的謊言。其他兩個回答雖然不是謊言，卻很不精確或不相關。一個有用的謊言必須看起來是眞實的，而且能刻意地誤導警方辦案。說謊是一門需要時間精通的技藝。

想避免公然說謊，就必須保持模糊。我的措詞愈精確，我說的話就愈有可能不是眞的，相反地，我的措詞愈模糊，我說的話就愈有可能是眞的。如果我說我的體重不多不少剛好一百公斤，這不太可能是眞的。相反地，如果我說我的體重大概一百公斤左右，這有可能是眞的。假設我受邀到一個早餐會上演講。由於我不喜歡早起，因此很想推辭，但當天早上我沒有其他行程可以讓我推掉這個邀請，因此如果我說我另外有約，用這個理由來回絕對方，那麼我明顯是在說謊。我能做的就是盡可能模糊，告訴對方很不巧，我當天早上剛好另有安排，這麼說就不是公然說謊，因爲我當天早上確實有個完全不同的計畫，也就是睡覺。這麼說也許算不上比較誠實的回答，但至少沒有說謊。

總之，在他人合理預期你應該說實話的狀況下，你卻把自己認爲不眞實的話告訴對方，我們認爲這就是說謊。

鬼扯

在結束說謊是什麼並且接著探討說謊是否可以合理化之前，我們必須簡短討論一下說謊的近親：鬼扯。我們先前提到，說謊之所以不符合眞實，是因爲未能做到眞誠；說話似是而非，是因爲未能做到精確。從眞誠與精確這兩個美德來衡量，鬼扯比較類似說謊，而不是似是而非，因爲鬼扯缺乏的是眞誠。與說謊一樣，鬼扯是一種不眞誠的行爲，但與說謊的不眞實（untrue）相比，鬼扯更帶有一種言不由衷（ungenuine）的感覺。之所以說言不由衷，是因爲鬼扯的人雖然參與了與眞假有關的活動，但實際上他根本不在乎眞假。

在接下來的討論中，我將以美國哲學家哈里・富蘭克福（Harry Frankfurt）對鬼扯的分析爲基礎。在富蘭克福之前，已經有人對鬼扯做過分析，但奇怪的是，富蘭克福在論文裡卻從未提及此人，這個人就是喬治・歐威爾（George Orwell）。一九四六年，歐威爾發表了題爲〈政治與英語〉（*Politics and the English Language*）的文章，他主張「在我們這個時代，政治演說與文章大多是為了辯護那些無法辯護的事」。[9]歐威爾在文中展示了委婉與模糊是如何破壞了政治語言的意義。同樣的主題在歐威爾的小說《一九八四》（*1984, 1949*）獲得更進一步的闡述，書中主角溫斯頓・史密斯（Winston Smith）在所謂的眞理部工作，史密斯提到，自己絕大多數的工作都與現實脫節，直接的謊言甚至比他的工作更貼近現實。[10]

對絕大多數人來說，包括說謊的人，光是不眞實這個理由就足以讓人選擇不去陳述。不過對一個善於鬼扯的人來說，事情的眞假根本不重要。說謊的人與說實話的人都主張自己知道眞實，但鬼扯的人卻根本不在意是否眞實。說謊與鬼扯的差異在於，說謊的人說不眞實的話，但鬼扯的人則根本不管事情的眞假。因此，決定一個人是在說謊還是鬼扯的關鍵是他們的態度，要看他們對於事物的眞實性有多冷漠。富蘭克福寫道：

> 這是鬼扯的人與說謊的人最重要的區別。鬼扯的人與說謊的人都裝出想傳達真實的樣子。鬼扯的人與說謊的人是否成功，取決於他們是否能順利欺騙我們。說謊的人不讓我們知道他其實想誤導我們，使我們無法正確掌握現實；我們不知道的是，說謊的人想讓我們相信他認為虛假的事情。另一方面，鬼扯的人不讓我們知道，他對於自己的陳述是真是假根本漠不關心；我們不瞭解的是，鬼扯的人既不想說出真實，也不想隱藏真實。這不表示鬼扯的人講的話毫無秩序，想說什麼就說什麼，而是表示鬼扯的人陳述的動機完全與他講述的事情的真假無關。[11]

鬼扯的人只關心自己的陳述能造成什麼效果，因此認爲陳述的眞假無關緊要。所以，一段陳述有可能是眞的，但依然是鬼扯。通常鬼扯都是假的，但有時候，鬼扯的陳述也可能是眞的：壞掉的鐘一天也會準兩次。富蘭克福認爲，鬼扯對社會的危害比謊言更大，因爲鬼扯會「破壞人們的信心，使人們不再相信可以公正地決定眞假」。說謊的人畢竟還關心眞實是什麼，只不過他刻意講出與眞實相反的話。鬼扯類似雙重標準，完全不把道德放在心上。

富蘭克福的分析對於眞實、謊言與鬼扯做出清楚的區分，但實際上要判別說話者的意圖十分困難，因此難以對說話者的陳述進行歸類。此外，本質上屬於鬼扯的陳述，也可能帶有說謊的成分，意思是說，雖然說話者一開始並不在乎自己說的話是眞是假，但說話者也瞭解自己的主張有一部分確實不眞實。相反地，謊言也會帶有鬼扯的成分。

美國哲學家柯亨（G. A. Cohen）認爲，我們無法在說話者的意圖中找到鬼扯的本質，它存在於鬼扯的人話中充斥的那團「無法釐清的混亂」之中；簡言之，鬼扯的本質就是胡言亂語。我們可以說，柯亨把鬼扯視爲一種純粹的語義現象。我認爲，與柯亨相比，富蘭克福的說法與我們的日常語言較爲一致，但富蘭克福的觀點無疑也能與柯亨的觀點相通。如果有人對其他人說，他們正在鬼扯，一般來說，這個人的意思應該不是指那些人講的話令人無法理解，而是那些人講話言不由衷。通常鬼扯的陳述使用的字句都是可理解的，鬼扯的人主要是想把事情搞得一團亂，而不是想好好地陳述事情。一個認眞鬼扯的人，他可以高明地駕馭文字，人們完全無法指出他的主張在眞實性上有任何欠缺，而當你仔細閱讀他的陳述時，會發現他的描述宛如一條悅耳的小溪，早已超越了眞實與虛假。鬼扯的陳述完全可以理解，只是讀過之後，無法讓你得到任何啟發。

要判別一個人的虛假主張是謊言、鬼扯還是似是而非，並不是一件容易的事。我們可以舉美國前總統川普爲例。我們從留存的大量文件可以發現，川普過去的陳述，其虛假程度是世間罕有的。但我們卻無法明顯看出他在說謊。我們藉由說話者相信的事物來定義謊言，我們認爲說話者如果說出與他個人相信的眞實相反的陳述，那麼說話者就是說謊。我們發現，川普對於現實的認識十分淺薄，導致他對自己說的所有虛假的內容深信不疑。若是如此，那麼川普應該屬於似是而非。當然，川普也有可能很清楚自己的陳述不眞實，若是如此，則川普就是說謊者。

或者，川普完全不在意自己說的是眞是假，他只在意自己的陳述造成的效果。若是如此，則川普是個鬼扯的人。想完全確定川普是哪一種人，我們必須進入他的內心世界，但我們做不到。因此，我們只能間接地從川普身爲一個說話者的表現來判斷。當然，川普偶爾也會說眞話，但我從未聽過川普說出對自己不利的眞話。這顯示川普說出不眞實的陳述時，他不是似是而非，因爲如果川普似是而非，你應該會發現川普有時也會無來由地講出對自己不一定有利的實話。排除似是而非，就只剩下兩種可能：謊言與鬼扯。整體考量之後，鬼扯似乎比謊言更有可能，因爲川普似乎完全不在意眞實是什麼。然而，我們其實不難察覺川普很在意眞假，只是相較於眞假，他更重視自己，而這足以讓他成爲史詩級的說謊家。

符合眞實的反面不只有一個，而是三個：似是而非、鬼扯與謊言。本書的重點是研究謊言，但說謊有許多令人困擾的面向也與似是而非和鬼扯緊密連繫，因此必須連帶一起討論。

2

說謊倫理學

一般而言，說謊是錯的，這一點相信每個人都同意，就連馬基維利也無法否認。然而有些人主張說謊絕對是錯的，有些人則主張在某些狀況下，說謊或許是可接受的，甚至是必要的。眞實是原則，謊言是例外。瑞典裔美國哲學家西瑟拉・伯克（Sissela Bok）指出，說眞話不需要理由，但說謊卻需要。[1]如果說眞話可以讓你獲得想要的東西——除非你屬於病態說謊者這樣的特殊群體——那麼你當然想說眞話而不願說謊。當眞實不證自明時，我們不會說謊。但當眞實會爲我們帶來問題時，我們會選擇說謊。

說謊有幾個可能的理由：⑴隱匿我們做錯事的證據⑵如果我們說眞話，有人會惹上麻煩，而我們不希望有人惹上麻煩⑶避免傷害某人的感情⑷爲了傷害某人而散布不實的傳言⑸想美化自己⑹想讓自己獲得好處⑺爲了好玩而講一些「荒誕不經的故事」或嘲弄某人。我不敢說我已經列出了說謊的所有動機，但應該已經包含絕大多數原因。最後一個理由特別引人注目，因爲它不是爲了解決問題，純粹只是爲了娛樂。除了這七個理由，還有一些是毫無理由的說謊，也就是爲了說謊而說謊，我們將這種狀況歸類爲病態說謊。在這七種類型中，一般認爲有些類型情節較爲輕微。爲了保護他人而說的「善意」謊言，顯然要比爲了傷害他人而說的「惡意」謊言更能讓人接受，但這兩者之間還存在著許多灰色地帶。

即使是我們想像的最厲害的騙子，他說眞話的時間也遠多於他說謊話的時間。有眞實，才有謊言。如果我們絕大多數時間說的都不是眞話，那麼說謊就沒有意義。因此，眞實與謊言的關係是不對稱的：正常的狀況下，你不需要解釋自己爲什麼要說眞話，但說謊卻需要合理的理由，至少你要能說服自己。除了一些特例會讓說眞話帶來非常負面的結果，舉例來說，說眞話可能讓某人的生命陷入危險，否則眞實很少需要理由；說眞話本身就是最完全的理由。要爲說謊找理由不是一件困難的事，然而要讓理由眞的能說服人，那麼一個人要不是必須對自己不誠實，就是必須對別人不誠實。

一般認爲亞里斯多德首先提出眞實與謊言不對稱的說法。亞里斯多德表示，眞實本身是値得讚揚的，虛假本身是卑劣而可鄙的。[2]他又說，人類最好能不走極端，循中道而行，但在眞實與謊言之間，並無中道存在——眞正的中道就是眞實。亞里斯多德首先相對於吹嘘與僞善來談論眞實：吹嘘者刻意誇大自己的優點；僞善者則刻意隱藏自己的低劣。有德行的人走中庸之道：「追求真實，誠實面對人生，不說謊話，接受自己擁有的一切，不多也不少。」[3]此外，亞里斯多德強調，眞正追求眞實的人，不會只在危急關頭才說眞話，而是無時無刻都說眞話：「熱愛真實的人，在平日也說真話，遭遇危急關頭，更會說真話；他會避免虛假，因為他認為虛假是卑鄙惡劣的，因此遠離虛假就是遠離卑鄙惡劣；這樣的人是值得讚揚的。」[4]一個人在小事上說謊，或者在與目前討論的事情無關的事情上說謊，那麼這個人將毀了自己所有的信譽，因爲沒有人相信他在談論重要的事情時會說眞話。[5]

當然，我們可以找到很多的好理由說謊。問題是，這些理由眞的夠好嗎？想爲在各種狀況下說謊辯護的人，他們採取的策略往往是避重就輕，而不是正面辯護說謊的正當性。這些人通常會提出的論點是，即使某段陳述乍看之下像是謊言，然而只要說話者是因爲有人想誤導他才說出違心之論，那麼這段陳述仍不算是謊言。荷蘭律師與哲學家胡果・格老秀斯（Hugo Grotius）曾說，如果你對一個說謊的人說不眞實的話，那麼就不算說謊。[6]不僅如此，格老秀斯還認爲，如果你故意對小孩子或有重大精神疾病的成年人說不眞實的話，你也不算說謊；如果你對敵人或竊賊說不眞實的話，同樣也不算說謊。根據格老秀斯的說法，這些聆聽者有一個共通點，那就是他們沒有權利獲得眞實；由於他們沒有權利，所以不告訴他們眞話不構成說謊。格老秀斯相信，取得眞實的權利首先取決於擁有充分發展的判斷力；其次則是誠實與可敬。因此，尚未取得眞實權利的人，例如孩子或因爲自身錯誤的意圖與行動而喪失權利的人，對這些人說不眞實的話不算說謊。

這種策略進一步衍生出更極端的說法，也就是耶穌會（Jesuits）的「內心保留」（mental restriction/restrictio mentalis）理論。在《致外省人書》（*The Provincial Letters*）中，法國哲學家布萊茲・帕斯卡（Blaise Pascal）對耶穌會的決疑論（casuistry）提出嚴厲的批評，他認爲決疑論不過是不誠實地規避道德與聖經的意旨。在這裡，帕斯卡提到了內心保留理論。[7]這個理論主張，若一個人清楚而明晰地說了一段假話，光從這段話本身來看，他說了謊；然而若他在內心增添另一段話，或者小聲地不要讓任何人聽見自己補充另一段話，那麼這段額外增添的話就會大幅改變意義，使先前說的那一段話不再不眞實，如此便不算說謊。舉例來說，我因爲被指控殺害一名非常討人厭的同事，因此必須在法庭上提出證言，我可以清楚而大聲地回道：「我沒有殺他。」然後我心裡對自己說的同一個句子裡加上了「今天」或「用毒藥」，畢竟我是在一年前殺死他的，而且我使用的是鐵鎚而非毒藥。雖然我的陳述中，可以被在場的人聽見的部分是不眞實的，但根據耶穌會的決疑論，我只要在內心稍做補充，就能表示我並未說謊。耶穌會把內心保留理論視爲他們主張的另一種原則的延伸。亦即，如果你使用刻意模糊的話語，使他人從某個角度來理解你的話語，而你則用另一個角度來詮釋自己的話語，這麼做不算說謊。內心保留理論進一步主張，你的話語甚至不需要模稜兩可，只需要在腦子裡爲句子收尾，藉此改變整個句子的意義，這麼做也不算說謊。

但耶穌會認爲這麼做還不夠；他們還表示，只有在當事人給予承諾的當下內心眞的有信守承諾的想法，一個承諾才具有約束力。舉例來說，你可以說：「我承諾我會做某件事」，然後又低聲說一句「如果我願意的話」，這樣你就可以完全不受自己的承諾約束。這些解釋策略無法說服人，因爲這些策略只是更加強調說謊是不被接受的，而且你實際上就是在說謊，你做的事跟直接說謊沒什麼兩樣，甚至方式還很類似。如果說謊之所以是錯誤的，是因爲它是一種語言濫用，那麼我們實在搞不懂，內心保留或其他刻意誤導的表達方式爲什麼不會跟說謊一樣不道德。讓他人產生虛假的印象，使他人誤解自己的想法，這也是一種語言誤用的現象。帕斯卡相信，這種做法極不道德，而絕大多數《致外省人書》的讀者也同意這點。由於所有人都認爲內心保留理論相當可恥，一六七九年，教宗依諾增爵十一世（Innocent XI）決定譴責這個理論。眞要爲耶穌會辯護的話，我們可以說，耶穌會一開始原本是主張，這種「不構成說謊」的類型只有在正義遭到危害時才能獲准使用：例如，你是爲了挽救生命，或避免在告解室裡說的話遭到揭露。但實際上這項理論的使用早已逾越原先設定的範圍。

完全禁止說謊，這樣的絕對原則往往會造成問題。首先，這樣的原則會產生尋找漏洞的誘因，使人們在主張說謊不可接受的同時，卻又想說謊。這種狀況便形成一種欺騙，或至少是一種僞善。因此，在基督教對於說謊完全無法容忍的狀況下，耶穌會的解釋策略卻在基督教的心態架構中發展起來，這也就不令人意外了。然而我們必須指出，在《聖經》中並未清楚表示說謊一定是錯的。不可否認，十誡中有一條禁止說謊，然而這條律法有不同的解釋：路德（Martin Luther）將其理解成禁止誹謗鄰人，猶太教傳統則認爲這一條文專指在法庭上作假見證。我們也必須承認，《聖經》提到說謊時都是採取負面的評價，其中最清楚的一段文字出現在《新約》，當中把魔鬼稱爲「說謊之人的父」（約翰福音 8:44）。然而在《舊約》中，特別是在《出埃及記》（*Book of Exodus*）裡，卻也提到，只要有利於以色列人，那麼說謊似乎不是什麼嚴重的事。因此我們可以說，《聖經》在提到說謊時立場並不明確，我們無從得知哪一種說謊是可接受的、哪一種又是不可接受的。

基督教思想中，最堅決主張全面禁止說謊的是奧古斯丁。即使是遭遇最極端的狀況，例如說謊可以挽救另一個人的生命，謊言也就是意圖欺騙而說出與內心想法相反的話的行爲，絕不能加以合理化。[8] 上帝賜予人類語言，使人類能夠分享彼此的想法，因此利用語言來隱瞞自己的想法與欺騙彼此是一種罪。有人對病人與虛弱的老人說謊，不讓他們知道自己的兒子已死，因爲這樣的噩耗很可能奪去他們的生命。奧古斯丁同情這些說謊者，但他仍主張，即便遇到這種狀況，也應該避免說謊，因爲這種謊言最終將損害一般的眞實感，讓人愈來愈容易說謊。人們將很快發現，自己沉淪在一片謊言的汪洋之中。即使是最善心的謊言，也會讓我們誤入歧途。然而奧古斯丁也說，我們比較容易原諒這樣的謊言，我們可以讚揚爲了這類理由說謊的人的善意，但我們不能讚揚謊言本身。多瑪斯・阿奎那（Thomas Aquinas）同意奧古斯丁的看法，認爲每個謊言都是罪——基於善意的謊言或開玩笑的謊言是比較不嚴重的罪，但依然是罪。[9]爲了害人而說謊，這是大罪。使用語言來隱瞞眞實，這還不算是說謊，所以還不至於構成大罪。

當然，人們的確會面臨某種處境，講得委婉一點，在這種處境下，說眞話會帶來麻煩，因爲此時說眞話造成的後果對自己或他人都將是難以承受的。然而，人們不可能無視宗教對說謊的禁令，因此試圖規避便成了解決的辦法。問題是，只要鑽了一次漏洞，就會忍不住在面對新處境時故技重施，漏洞愈來愈多的結果，將使人們對於禁止說謊的一般原則愈來愈不放在心上。

責任與結果

康德支持基督教對說謊的禁令，但他的理由與基督教完全不同。康德表示，我們有符合眞實的責任。[10]康德認爲，說謊指說不眞實的話，而且想讓人們相信這些不眞實的話是眞實的。「意圖讓他人相信某事爲眞」，這是說謊的一個重要特徵，即使說出來的話是不眞實的，但沒有意圖，就不算說謊。康德因此表示，幽默詼諧與諸如此類的說話方式並非說謊，即使你說的話並不是出於眞心，但因爲沒有人預期你說的話會是眞話，因此不構成說謊。[11]玩笑與荒誕不經的故事不是謊言，如果有充分的理由顯示聆聽者並不相信這些故事是眞的，那麼即使這些故事全屬虛假，也不是謊言。[12]康德也反對善意謊言的觀念，如果善意謊言充滿善意而且未違反任何義務，在這種狀況下，即使說的話不眞實，也不算謊言；另一方面，如果善意謊言違反了義務，那麼這個謊言在定義上就不算是善意的。[13]

康德認爲，我們並非無時無刻都要承擔必須傳達我們內心眞正想法的義務。如果我們總是把內心的想法據實以告，我們會發現人們難以忍受彼此。人類社群需要某種程度的僞裝，「這個良好特質卻逐漸從『掩飾』（dissimulation）發展成『欺騙』（deception），最終變成『說謊』（lying）。」[14]與此同時，這也是個從道德上可接受到道德上完全不可接受的轉折。掩飾的問題並不大，因爲沒有人有權聆聽我們的思想。欺騙屬於一個無法完全歸類的類別，有些形式的欺騙可接受，有些形式的欺騙不可接受。康德很清楚，有些道德上可接受的觀念，很容易對他人造成誤導。舉例來說，康德在倫理學其中一講提到，你可以打包你的行李，讓他人以爲你準備離開，但其實你根本沒這個念頭。不過直接對他人謊稱你已經擬定了旅行計畫，則是不道德的行爲。[15]你可以拒絕回答，你也可以讓他人做出錯誤的假定，但無論如何你都不能說謊。

康德也認爲，你可以對自己說謊，對自己「內心的法官」說謊，你可以說服自己相信，自己比實際的狀況更獲得人們的敬重。[16]然而，我們有責任對自己誠實，當我們未能履行責任時，我們應當受到責難。不僅如此，康德相信，對自己說謊，容易演變成對自己周遭的人說謊。如果一個人能對自己誠實，其應該也能對他人誠實。說謊不僅辜負他人，也辜負自己，說謊使一個人成為一個糟糕的人，使其喪失原本應有的模樣。康德甚至說了重話，認為說謊會讓一個人摧毀自己的人性尊嚴。[17]這是個極富戲劇性的陳述，但是當你發現你尊敬的人說謊時，你對他的敬重將瞬間瓦解，這點顯然毫無疑問。

對康德這種自由主義思想家來說，法律與道德的區別極為關鍵。法律的界限遠比道德的界限來得寬，法律一定程度允許不道德的行為。康德反對將道德法制化，因為這將使民眾無法自主地做出道德選擇。因此，我們必須區分兩種謊言：一種是在道德禁令之框架下的謊言；另一種是在法律框架下的謊言。[18]康德區別了倫理謊言與法律謊言，認為謊言必須導致有人受到傷害才算是法律謊言。至於「傷害」精確來說是一個人被剝奪了他有權擁有的事物，例如他人同意給他的物品或他人同意提供給他的服務。傳布某人的虛假傳言，會被認為對某人造成相關傷害。換言之，康德相信人想說多少合法的謊都行，除了一些特別的例子，如締約、毀謗等等；但從道德上來說，說謊無論如何都是一件壞事。康德還區別了第三類謊言，這種謊言落在倫理謊言與法律謊言之間，它傷害的不是特定的個人，而是人性本身。[19]這裡的基本前提在於人是社會的動物，說謊會破壞社會賴以興起與存在的條件。更確切地說，說謊會破壞人類賴以組織社會群體的互信。

對康德來說，若且唯若一個行動滿足了一個或多個主要原則，而無論根據一個或多個原則所採取的行動可能導致什麼結果，都不影響一個或多個原則的有效性，則這個行動就是正確的。一個行動是否符合道德，並非取決於行動的結果，而是取決於行動的「類型」。如果我說謊，那麼說謊就是一個不道德的行動，無論說謊帶來的結果有多良善，也無法改變說謊的不道德。說謊是錯的，不是因為說謊總是帶來負面的結果，而是因為說謊本身是不道德的。說謊不會因為好結果而變好或遭到抵銷。

康德認為謊言是錯的，這與他提出的兩個最著名的系統陳述密切相關，這兩個系統陳述即所謂的「定言令式」（categorical imperative）：

1. 只依據那些你同時也希望成為普世的法則的準則去行動。[20]

2.行動時，運用人性，不管是自己還是他人，永遠要把人當成目的，而不只是工具。[21]

根據定言令式第一條，也就是所謂的普遍法則形式（Formula of Universal Law），康德主張道德必須具有嚴格的一般性，這表示無論你還是任何人，面對道德都不能有例外。事實上，你應該只以你能想像每個人行動的既定方式來行動。讓我們以這個格言爲例：「如果說謊對你有利，你就可以說謊。」這句格言可以一般化嗎？不行，因爲這句格言會毀了自身。如果每個人爲了改善自身的處境而說謊，那麼我們將不再信任彼此；如果我們不再信任彼此，我們將不可能成功地說謊。換言之，在一個每個人彼此說謊的世界裡，沒有任何謊言能騙得了任何人，因爲沒有任何人會相信任何事。說謊只有在人們相信眞實的狀況下才能存在；換言之，絕大多數人都願意說眞話。因此，理性告訴我們，我們不能說謊，因爲唯有符合眞實才能成爲眞正的一般準則。

順帶一提，早在康德之前，巴魯赫・史賓諾莎（Baruch de Spinoza）已經在《倫理學》（*Ethics*）中提出類似的觀點，史賓諾莎寫道：「自由的人絕不會採取欺騙的行動，他總是心存善意。」[22]這句話的前提是自由的人總是理性，因此如果自由的人想以任何其他方式說謊或欺騙，那必然是因爲這麼做是理性的。然而若眞是如此，我們就只能假定理性的人總是說謊與欺騙，但史賓諾莎駁斥並且認爲這種假定是荒謬的。史賓諾莎接著反問：如果一個人的生命因爲有人說謊而獲救，這是否表示說謊必定是理性的。然後史賓諾莎自己回答說，如果理性會指引一個人說謊，那麼理性必然會指引所有的人說謊。如果理性必然會指引所有的人說謊，這豈不是說理性會指引人類不去制定共同的法律、不團結合作而且不過和平的生活嗎？史賓諾莎因此再次駁斥這種說法的荒謬。

定言令式第二條提到，人絕不能只把其他人當成工具（means），而必須永遠把其他人當成目的本身，我們必須先說明「目的」（end）是什麼意思。成爲目的本身，就是有能力清楚陳述自己的生活目的、制定生活計畫與選擇生活方式。除了人類之外，沒有任何動物擁有這種能力，這是爲什麼這種能力對於人性尊嚴如此關鍵的緣故。而我們必須坦承，我們經常必須把他人當成工具來使用，例如我們會請水電工來家裡修理漏水的水管。但重點是，我們不應該把他人當成完全任由我們擺布的物品。如果我們那麼做，就是缺乏對他人人性尊嚴的尊重。你必須尊重他人選擇生活的權利。如果你說謊，你便是缺乏對他人的尊重。說謊是把某人當成工具的典型例證。有人對你說謊，是爲了讓你相信一個不同於眞實的事物樣貌。他這麼做是爲了取得凌駕於你的權力，因爲你對事情的認識必須符合他的意圖，而非符合眞實本身。我們可以這麼說，謊言會剝奪聽者自由行動的能力。

說謊破壞了我們認爲彼此是自由而平等的契約。康德反對說謊所依據的原理原則，其背後存在著一個最基本的直覺：說謊是一種強制形式。知識產生權力，遭到欺騙的人因此被剝奪了權力。謊言把權力從相信謊言的人身上轉移給了說謊者。如果我依照自己的意圖成功對你說謊，你的思想將受到我的意志左右，而不是基於獨立現實做出判斷。謊言使你無法做出眞正的行動選擇，謊言會給予你其他的目標，引誘你使用原本你不會使用的手段。就算你最終可以獲得比你自己做出的其他選擇更好的結果——即使你自己的選擇是經過仔細思考，而且是你能想像最好的選擇——但你還是被剝奪了對自己的未來做出自由與知情選擇的機會。即使是最慈善的謊言，其動機完全從關心他人的最佳福祉出發，也一樣是謊言。

康德寫了一篇文章闡述，我們有責任不說謊，且其有絕對的有效性，即使是爲了拯救另一個人的生命，說謊也是不被允許的。[23]我們曾經提過，奧古斯丁也有類似的觀點，只不過他的理由是神學的，而康德的理由是世俗的。康德的文章主要是爲了回應法國哲學家邦雅曼・康斯坦（Benjamin Constant）的小冊子，康斯坦在這本小冊子裡曾經抨擊一個未透露姓名的「德國哲學家」，而這個德國哲學家顯然就是康德。康斯坦認爲，如果眞實會造成嚴重的傷害，例如殺人犯到處打聽受害者在哪裡，那麼沒有人有權得到眞實的答案。康德不接受這個論點，他認爲，即使出於善心，人依然無權說謊。康德主張，如果有人爲了逃避殺人犯躲在你的屋子裡，殺人犯過來敲你的門，問那個人是不是跟你在一起，你沒有權利說謊。你可以拒絕回答或關上門，但你不能說謊。康德還認爲，就算你說眞話，導致殺人犯利用這個訊息殺人，你也不用因爲這樣的事受指責。你只需要做你該做的事，接下來發生的事則不在你的掌握之中。另一方面，康德寫道，如果你說謊，你等於參與了接下來發生的事。[24]舉例來說，你相信受害者就藏在你的衣櫥裡，於是你告訴殺人犯，受害者已經從後門溜出去了，而且跑到了鎮上。結果，受害者眞的趁你不注意溜到鎮上，最後被殺人犯找到了。這表示你的謊言反而讓殺人犯找到了受害者，根據康德的說法，即使你存心要幫受害者，但你最終也造成受害者的死亡。

康德的觀點似乎暗示，我們應該優先考慮殺人犯而不是受害者，然而事實並非如此。康德強調，說謊不會對殺人犯造成傷害，因爲殺人犯對於他尋求的資訊並不具有正當權利。因此有人認爲，對殺人犯說謊並沒有什麼不對。然而，康德主張，說謊傷害的不是單一個人，而是「全」人類。[25]說謊侵害的不是殺人犯取得眞實的權利，而是人類誠實的權利，因爲說謊破壞了人與人之間的信任。這個論點聽起來很難讓人信服。因爲談到信任，我們也可以說，我們應該相信在我們面臨緊急危難時，他人會幫助我們。

這個問題還有其他適當的解決方式。如果康德對殺人犯回答說：「Er isst nicht hier.」這是個相當狡猾的回應，因爲這句話聽起來與「Er ist nicht hier.」完全一樣。第一句話的意思是「他不在這裡吃（東西）」，第二句話的意思則是「他不在這裡」。只要你沒有給受害者任何東西吃，你說他不在這裡吃東西就不構成說謊，但對殺人犯來說，這段陳述聽起來的意思卻是受害者不在你這裡。康德絕不會同意這種做法，因爲利用「isst」與「ist」這兩個同音字來誤導殺人犯，與說謊是一樣的。

伯納德・威廉士主張，康德提到的殺人犯不「應得」（deserve）到眞實。[26]威廉士的說法相當奇怪。眞實是我們必然應得的事物？抑或是在某種狀況下應得，在其他狀況下不應得的事物？比較合理的說法應該是，我們擁有取得眞實的權利，因爲在一般狀況下，我們對某人說話的同時，也做了隱性承諾，尤其是說眞話的承諾。因此，人是在與人溝通的過程中獲得了取得眞實的權利，這種說法要比眞實是某種必然應得的事物合理得多。如果眞實是應得的，那麼應得的責任最終還是要落在聆聽者身上，也就是說，聆聽者並非理所當然應得眞實，而是必須爭取讓自己有資格享有眞實。相反地，如果認爲眞實是一種權利，那麼說話者與聆聽者只要一開始溝通，說話者就會給予聆聽者取得眞實的權利。日常中，與我們互動的人可能是頭一次跟我們說話，之後，我們可能再也沒有機會跟這些人說話。

我們過去從未跟這些人說過話，我們現在對他們說眞話，並不表示這項眞實權利是他們「應得」的，因爲他們過去從未跟我們建立關係，因此他們不可能從我們身上爭取到這項權利。此外，絕大多數人相信，我們對陌生人負有說眞話的義務，從這點也顯示出陌生人並不是透過爭取而享有應得的眞實權利。那麼，取得眞實的權利有限制嗎？舉例來說，我們有權不受他人傷害，但這項權利有可能因爲他人行使自我防衛權而受限制。如果你試圖做出傷害我的不法行爲，則我有權基於自我防衛傷害你。爲了阻止你試圖做出傷害他人的不法行爲，我也有權傷害你。從這個角度出發，爲了避免自己或他人受到傷害，我們主張自己有權說謊，這種說法不見得不合理。

我個人傾向於威廉士的說法，也就是說，不僅對殺人犯說謊是對的，任何人爲了保護他人而對殺人犯說謊，也不該有絲毫罪惡感。[27]如果有人因爲說了這種謊而睡不著覺，那麼他在道德上可能出現了某種失調的現象。用亞里斯多德的話來說，他無法在正確的時間，用正確的方式，感受到正確的事物。

阿圖爾・叔本華（Arthur Schopenhauer）基本上遵循康德的思路，主張說謊是以道德上應受指責的方式迫使某人為他人的意志服務。[28]叔本華其實認為說謊比暴力更糟糕，因為說謊把人類賴以深刻連結的誠實破壞殆盡。不過不同於康德的是，叔本華相信有時候說謊是合理的。例如，為了保護自己的生命與健康。叔本華還強調，當某人想窺探你的私人生活並打聽與他們無關的事情時，說謊也是可以的。他認為遇到後者的狀況，說謊是合理的。他認為人們對社會常規應該有足夠的認識，他們理應知道，如果問了不適當的問題，不用期待對方會給予誠實的答覆。

康德的理論提供了充足的理由說明在一般狀況下說謊是錯的，但在解釋例外時卻顯得捉襟見肘。康德未能兼顧某些個案的獨特性，因此對所有的例子採取一貫的態度，但事實上，如果能對每一種狀況做出不同的評估，應可以做出更好的道德判斷。康德的分析也未充分考慮到外在條件，因此未能看出人們說謊的理由其實有好壞之分。我們將在後面討論說謊與政治的章節中看到，我們有足夠的理由相信，在某些情況下，說謊不僅可允許，而且是必要的。

從結果主義*的立場來看，殺人犯的例子根本不構成問題：由於說謊的結果顯然優於說眞話的結果——好處是挽救生命，而代價只是說謊——所以毫無疑問應該選擇說謊。結果主義的倫理很簡單，就是一個人的行動必須總是盡可能產生最好的結果。從這個觀點來看，沒有任何行動與生俱來是好的。一個行動是好是壞，完全取決於它的結果。同樣地，沒有任何行動與生俱來是壞的，而任何行動只要能產生比別的選擇更好的結果，這個行動就是好的。所以，從這個角度來看，符合眞實在原則上不一定比說謊更具有正面意義——符合眞實與說謊哪一個更好，完全取決於結果。

必須強調的是，所謂的結果指的是所有相關人士遭受的結果。有些事對個人來說完全有利，但個人的需要不一定比其他人的需要來得更重要。如果謊言的結果對你有利，但對他人有害，那麼我們必須衡量整體的結果。英國哲學家傑瑞米・邊沁（Jeremy Bentham）提出一項原則：一項行動是否能稱之爲善，端賴其是否能爲最多人帶來最大的幸福。[29] 一項行動若能比其他行動創造出更多的幸福或減少更多的痛苦，那麼我們就必須執行這項行動。這是一項公正無私的原則：在估計效用

＊編註：consequentialism，爲倫理學研究的一種學說，主張一個行動之好壞須由此行動之結果來評斷。

時，無論是乞丐還是首相，每個人的幸福都一樣重要。如邊沁所言，每個人都應該算成一，沒有人可以超過一。但這句話的意思不是說每個人都應該獲得等量的幸福。眞正關鍵的是幸福的總量。如果有些人被賦予了最不幸福的角色，卻能讓幸福的總量達到最大——其他人獲得的剩餘幸福，超過了補償不幸福的人所需的幸福——那麼讓少數人扮演不幸福的角色，在道德上仍是正確的。

所以，如果對某人說謊，或者散布有關某人的謠言的結果要比不這麼做的結果好，那麼這個做法就是對的。從這個意義來說，結果主義倫理似乎爲說謊開啟了方便之門。雖然結果主義倫理並未主張說謊與生俱來是錯的，因爲結果主義倫理原本就不認爲有任何事與生俱來是錯的，但結果主義倫理終究還是認定，就實際狀況來看，說謊往往是錯的。之所以會有這樣的看法，主要是因爲追求眞實作爲一種行爲常規，無疑能帶來較多的好處。如果我們無法信任彼此，社交互動將遭遇重重關卡。此外，謊言的結果難以評估，即使眼前的利益十分重要，但長期的利益也不可忽略，而要評估謊言的長期優缺點相當困難。

彌爾（John Stuart Mill）進一步發展邊沁的結果主義倫理，他寫道：「謊言是錯的，它會造成誤導，而且會破壞人與人之間的信任；謊言也是卑鄙的，因為謊言是怯懦的表現，謊言源自於不敢面對說真話的結果，謊言只證明了自己缺乏直接正視目的的力量，因此選擇了規避與迂迴。」[30]一般來說，彌爾把人類對眞實的追求視爲人類最強大的一股力量，並且認爲凡是妨礙人類追求眞實，本質上均屬邪惡。然而彌爾也認爲有例外，他主張結果主義倫理的主要任務是要將追求眞實時時放在心上，並防止某種邪惡在內心萌芽。[31]彌爾警告，人類很容易在追求眞實的過程中鬆懈，因此必須時時留意，不能讓自己說謊。彌爾又說，如果你只能用說謊的方式來稱讚某人，那麼你就不應該稱讚對方。[32]彌爾也反對使用善意的謊言。

我們在日常生活中說謊，誘因是說謊能帶來的結果，當然這個結果往往對我們有利。我們也經常因爲短視近利而說謊，可能是爲了讓自己免於尷尬的場面或避免傷害別人的感情，我們忽略說謊會對人際關係與追求眞實的行爲常規造成長期影響。一些看似不重要的謊言也是如此。我們的朋友與認識的人總是會撒一點小謊，也許只是一些瑣碎的小事，例如遲到或甚至爽約的藉口。有時候有些人說謊成習慣，導致你開始不相信對方說的話。我的朋友中沒有這樣的人——做這種事的朋友都會被我「降級」成點頭之交。

說謊只有在人們互信的條件下才可能發生。信任是一個社會能夠運作或甚至存在的前提。謊言是背叛信任。如果我知道你的祕密，而你擔心你的祕密外洩，於是我說謊守住你的祕密，那麼你對我的信任也許會因此提升。相反地，如果我拒絕說謊，導致你的祕密洩漏，你對我的信任將會降低，因爲你發現你的利益對我來說沒有那麼重要。所以這種情況下，說謊反而能提升人與人之間的信任，而說眞話則會降低人與人之間的信任。然而絕大多數的情況剛好相反。

如果有人說謊，人與人之間的關係不見得會因此突然瓦解，社會也不會因此必然走向崩潰，但每個謊言確實會一點一滴地帶來不良的影響。有時候說眞話也會帶來非常糟糕的結果，而說謊造成的傷害反而輕微。我是否會爲了拯救一條無辜的生命而說謊？我想答案是肯定的。我曾經遇過這種狀況嗎？顯然沒有。西瑟拉・伯克（Sissela Bok）指出，用「爲了從瘋狂殺人魔手上拯救一個無辜生命而說謊」這樣的例子來提出說謊之必要性，其實很有問題。因爲這種情況在絕大多數人的生活裡不會發生，就算眞的有，也很少發生第二次。[33]簡言之，這屬於不尋常的事件，無法作爲我們在一般情況下需要說謊的重要依據。我在地球上活了五十年，關於那種說眞話會造成災難性後果而被迫說謊的情況，我一個例子都想不到。因此，我應該可以下結論：在我說的謊言中，沒有任何一個在道德上是可接受的。又或者，我們不談那些非一般情況，一般來說，我們是否能找出說謊是對的例子？

善意的謊言

有善意的謊言這種東西嗎？善意的謊言究竟是什麼？我們曾經提過，康德反對善意的謊言這種表達方式，因爲既然是善意，就不能稱之爲謊言；既然是謊言，就不能說有善意。善意的謊言究竟是什麼意思，文獻的說法莫衷一是。善意可以指「無害的」、「無傷大雅的」、「善心的」或「可接受的」。如果說謊的目的主要是爲了自己，那麼這個謊言是否還能說是善意？如果說的只是小謊呢？舉例來說，我無法去看電影，我不想長篇大論做出眞實的解釋，於是便簡單說了不眞實的理由。有些人用善意的謊言來泛指能帶來正面結果的謊言，並且用善意的謊言來自我辯護，完全無視善意的謊言也可能對某些人造成嚴重的後果。因此善意的謊言絕非「無害」。善意的謊言與惡意的謊言並非截然二分。善意的謊言與惡意的謊言之間的區別，不完全等同於好結果與壞結果、正義與不正義、善意與惡意、利他主義與利己主義之間的區別，不過這些區別的確影響了我們對於謊言是善意還是惡意的評估。在善意與惡意的謊言之間，幾乎不存在任何清楚的區別；兩者之間只有由白色逐漸過渡到黑色的過程，中間分布著無數從淡到濃的灰色。「善意的謊言」一般用在「基於禮貌或避免傷害他人感情的謊言」上。

假如蘿拉嫁給了弗蘭切斯科，但其實她與弗蘭切斯科的好友持續著一段長期關係，蘿拉對弗蘭切斯科說謊隱瞞這件事，以「避免傷害他的感情」。絕大多數人會認為蘿拉的謊言相當惡意，即使——至少根據她的說法——她是出於對弗蘭切斯科的體貼才說謊。蘿拉的謊言是嚴重的欺騙，而且無疑傷害了弗蘭切斯科，她的謊言剝奪了弗蘭切斯科自由思考是否真的要娶蘿拉這樣的人為妻的機會。因此，我們必須更特定一點：例如應該加上一條，謊言只有在未傷害任何人的狀況下才能稱之爲善意。因此，蘿拉的謊言就落在了定義之外，因爲她的謊言傷害了弗蘭切斯科。有人說：你不知道就不會受傷，這是錯的，事情絕非如此。蘿拉的謊言迫使弗蘭切斯科跟一個與他所想的完全不同的女人維持關係。如果蘿拉與弗蘭切斯科的朋友結束關係，並且把這段感情想成是一個小錯誤，認爲這個錯誤不應該影響她與弗蘭切斯科的關係呢？這種謊言依然可以接受嗎？關於這個錯誤是否是一個無關緊要的小錯，應該由被騙的人來決定，而不是騙人的人。謊言剝奪了被騙的人在了解詳情之後評估是否維持這段關係的機會。說謊的人會辯解說，自己是爲了不讓伴侶受傷才說謊，但如果從第三方的角度觀看，可以把事情看得更清楚：蘿拉與其說是自私，不如說是害怕面對、害怕丟臉，尤其是害怕失去一個對她而言具有一定意義的人。

如果蘿拉繼續隱瞞，而你知道這件事，但弗蘭切斯科卻又是你的好朋友呢？你也知道弗蘭切斯科一旦知道妻子出軌，一定會打擊很大，因爲他的認同與生活目的幾乎完全建立在這段婚姻上。你要告訴他眞話嗎？這個問題沒有絕對正確的答案，但你至少不能爲了隱瞞蘿拉說謊而騙他。一旦說謊，你將剝奪弗蘭切斯科重新選擇的機會，他將無法排除蘿拉、建立一個嶄新的生活目的，而這應該會是一個更好的建立在堅實基礎之上的生活目的。

關於善意的謊言，我們還要再增加一個新條件：善意的謊言必須對被騙的人有利。舉例來說，誇獎某人的穿著打扮或他們家裡的裝潢，但其實你覺得兩者都很不理想。或者你可能會說飯菜非常美味，但實際上你一直忍受著作嘔的感覺。然後，或許餐點不錯，但晚宴非常無聊，儘管如此，你在離去前依然要稱讚幾句。這些說法都是爲了顧慮他人的感受，因爲如果你說了眞心話，可想而知他們心裡一定很不好受。然而我們必須留意，通常人們說他們講的是善意的謊言時，他們心裡想的其實不是體貼對方的感受，而是不想面對說眞話的不舒服。

要是醫生認爲，不讓病人知道實際病情反而符合病人的最佳利益呢？舉例來說，在手術前爲了讓病人安心，因此說謊表示這種手術幾乎不可能出現併發症，但實際上這種手術存在著重大風險。要是這名醫生不是特別擅長說謊，而讓病人一眼就看穿了呢？這可能會讓病人更加害怕。如果病人不相信醫生會如實向他說明，接下來的治療又怎麼能順利進行？假如醫生發現我只剩幾個月可活，但隨著我的人生逐漸走向終點，我並不會出現令我痛苦的症狀。醫生可能想避免提及我時日無多，好讓我能安心而毫無憂慮地過完剩餘的人生。然而醫生這麼做，卻剝奪了我依照自己的意願過完僅剩一點時間的機會。假如我很快就要離開人世，我會希望把未竟的一切做個了結，我要向這個世界道別，我要完成所有該做的事，因爲再不做就沒有機會了。

對臨終的人說謊呢？當我的父親即將離世之前，我們曾有過開心而親密的對話，父親與我都心知肚明，一切就要結束。我也曾經想與母親進行這樣的親密對話，但母親拒絕接受自己即將死去的事實。我並未對她說謊，說她一定會好起來；然而母親不願面對死亡，我也不能逼她面對。

善意的謊言，其背後的觀念是這些謊言是無害的，這些謊言不會對任何人造成傷害。說善意謊言的人可以評斷這些謊言是無害的嗎？首先，說謊的人無法確定被欺騙的人是不是比較希望聽到眞話。說善意謊言的人或多或少有點傲慢，因爲他認爲一般人聽到眞話會無法承受。我基於同情的理由說謊，等於我把自己當成了法官，以爲自己可以裁決他人能知道什麼，他人的人生該怎麼過，他人該與別人維持什麼樣的關係以及該如何維護自己的名聲。其次，說善意謊言的人忽視了說謊會逐漸敗壞自己的道德性格：只要說過一次謊就很容易再犯，然後逐漸發展成說一些處於善意與惡意之間的謊，最後演變成公然說惡意的謊也面不改色。善意的謊言會破壞說眞話的習慣。蒙田（Michel de Montaigne）寫道：「說謊是被詛咒的邪惡。唯有靠著我們的話語，才能讓我們結合，使我們成為人。如果瞭解說謊的可怕與影響，我們會認為，說謊比任何一種罪名更有資格上火刑柱。」[34]用篝火將說謊的人活活燒死或許是過分了點，但說謊會破壞我們十分依賴的人際互信，這是爲什麼說謊會造成道德危機的重要原因。

當你想說謊的時候，應該試著站在他人的立場去想。同樣的狀況，被騙的人是你，你會做何感想？對於騙你的人，你對他的想法會不會有所改變？這些問題可能有點微不足道，但是如果你發現有人說謊，你會接著發現說謊的人只要一有機會就會說謊，你會失去對他們的信任。你也會完全改變對那些人的觀感。當事情一再發生，你的信任也一再粉碎，最終使得彼此的關係難以維持。

我曾經帶女友參加由大使舉辦的晚宴。女友從未受邀參加過這樣的活動，她有點忐忑不安，因此在衣服的穿著上徵詢我的意見。我不記得是我說得不夠清楚還是她誤解我的話，總之我們在晚宴開始前不久碰面，我馬上發現她的穿著不適合這個場合——她的裙子長度如果能更靠近膝蓋會比較好。但晚宴即將開始，我們根本沒有時間換衣服，所以我只能告訴她，她看起來很好，而我還以爲自己已經對這個有點棘手的狀況做了最佳處理。回想起來，我其實並不確定自己做得對不對。事後我們並未討論此事，但我們都明顯察覺到其他客人看到她的服裝時表情有異，當然，他們表面上完全沒說什麼。我的善意謊言完全沒有化解她的緊張，甚至可能使她在往後的場合中變得不信任我。更重要的是，我完全沒有給予她負起責任的機會，只因爲我認爲即使聽到我說裙子太短，她也不可能做出什麼改變。我在當下可能抱持善意，但我懷疑長期而言結果是否很好。

我們通常傾向於鼓勵而非說眞話，因爲鼓勵可以營造出較好的氣氛。有時哲學系的學生會問我，他們是否該繼續研究哲學，對我來說，最簡單的答覆就是鼓勵他們。如此，學生得到他想要的答案，而系上也因此增加了收入。然而，我總是盡可能誠實回答，而且根據我對學生天分的瞭解來回答他的問題。哲學天分與考試成績不一定完全相關。有些學生表現「好」而且考試拿到高分，但他們要更上層樓的可能性並不高；有些學生比較出格，凡事不按牌理出牌，對他們來說，拿高分是毫無意義的事。但後者往往在討論時表現出超群的哲學思考能力。所以我對成績好的學生說，他們或許應該鑽研其他學科；我對成績普通的學生則說，他們在哲學領域上也許能找到出路，但前提是他們接下來的研究必須多做訓練。如果我對成績好但我並不抱期望的學生說，他的未來無可限量，他將成爲耀眼的明日之星，也許不會傷害學生的感情，但這其實就是善意的謊言。然而，說這種謊長期而言對學生是有害無益。

如果我對你說謊，我便阻礙了你掌握現實，同樣的道理也適用在善意與惡意的謊言上。我對你說謊，等於剝奪了你的自由。無論我基於多大的善意對你說謊，我都使你喪失了能從周遭環境或從你的內心獲得眞知灼見的機會。眞實可以讓你獲得自由。眞實可以讓你知道，自己的生活該做出什麼樣的改變。眞實可能爲你帶來痛苦或甚至毀滅性的結果，但如果我因此認爲，你無法承受眞實帶來的後果，所以我應該給你善意的謊言，那麼我就太傲慢了。

亞當・史密斯（Adam Smith）表示，即使有人說謊不是爲了傷害別人，而是心存最大的善念，協助提升他人的福祉，這樣的人仍會感受到些許的羞恥、後悔與自責。[35]我不太確定亞當・史密斯是否眞的認爲謊言會讓一個人的良知倍感煎熬，不過，謊言確實會讓一個人良心不安。當然，相較於惡意與介於善意與惡意之間的謊言，善意的謊言比較不會令人感到不悅，因爲善意的謊言有著較高尚的目的，很少別有用心，但善意的謊言仍然是謊言，應該避免。

善意的謊言應該避免，但這不表示你可以毫不掩飾地將眞話和盤托出。保持緘默也是個絕妙的選擇。我們不一定隨時都得提供意見，有時候，說眞話會是個有點殘酷的行爲。如威廉・布萊克（William Blake）所言：

> 懷著惡意所說的眞話
> 壞過你能想到的所有謊話。

你不一定什麼話都要老老實實說出來。如果沒人問你的意見，你也沒有照實說的義務。人家不問，可能是有相當充分的理由。相反地，如果有人問你的意見，你絕不能顛倒是非，把不好的事說成好的。而就算你說的是眞話，也不表示你說的話是合理的。畢竟，禮貌也是一種美德。

3

對自己說謊

我們通常認爲，謊言是發生在兩造之間的事。要是說謊的人與被騙的人是同一個人呢？你會對自己說謊嗎？如果你會對自己說謊，那麼下一個問題恐怕是，你爲什麼要這麼做？

不難想見，自欺之所以存在，是因爲自欺可以提升一個人欺騙他人的能力。如果我可以讓自己相信一件虛假的事物，我應該有更高的機會讓他人也相信這件虛假的事物。我只是想讓自己更有說服力。當然，這只是一種假設性的說法。[1]尼采曾經對此提出看法：

所有的大騙子都有一個值得注意的特質，這個特質是他們力量的來源。在實際的欺騙行為中，除了一切的準備工作，誘人的聲音、表情與動作，設計場景讓騙術生效之外，真正的重點在於騙子「相信自己」：正因如此，騙子才能舌粲蓮花，讓周圍的人對他深信不疑。宗教創立者與這些大騙子不同的地方在於，宗教創立者從未陷入這種自欺狀態：宗教創立者總是感到懷疑，似乎永遠找不到驅散所有疑雲的時刻；然而，宗教創立者會安慰自己，認為如果失去了懷疑，那就表示邪惡已悄然而至。只有自欺才能帶來引人注目的「效果」。因為人們總是相信，他人單純而堅定相信著的事物是真實的。[2]

我們曾經提過說謊是一件困難的事，因爲說謊時你的腦子裡必須同時思考兩件事；一件是眞實是什麼，另一件是眞實與謊言的關係。然而如果你把自己的謊言當成眞實，那麼你就只需要思考一件事。

自欺不一定與自己直接相關。當你的伴侶對你不忠實，而你只需正視「證據」就能清楚看出伴侶對你不忠，儘管如此，你仍無視證據繼續相信伴侶對你是忠實的，這種狀況就是自欺。有時眞實很不堪、令人難以接受，因此有人更傾向於相信假象。這種類型的自欺其實也跟自己相關，只不過是間接的，因爲它涉及的是他人與你的關係。然而自欺往往也是一種自我理解的形式，例如，就算我們擁有較佳的判斷力，卻還是可能高估自己。即使心知肚明自己在統計學上得流感的機率跟他人一樣，人們還是相信自己比他人更不容易中流感。絕大多數駕駛人相信，他們的駕車技術高於平均。一份廣泛流傳的研究顯示，美國一所大學的僱員，百分之九十四認爲自己的教學能力高於同事的平均。[3]尤其絕大多數人相信自己比一般人更能做出準確的判斷。[4]從這些例子來看，許多人肯定都高估了自己的能力。在某些處境下，絕大多數人的表現確實有可能高於平均。舉例來說，人們擁有的手臂、腿與眼睛的數量平均少於二，因爲有些人失去了一隻手臂、一條腿或一隻眼睛，而絕大多數人四肢與兩眼健全，此外，不可能有人擁有三隻手臂、三條腿與三隻眼睛。相反地，絕大多數大學教授的教學能力絕對不可能高於所有同事的平均。這類高估自己的行爲是否構成自欺，必須進一步討論才能判斷。有可能絕大多數大學教授經常被人誇讚自己教得好，因此才會產生自己是優良教師的錯覺。但也有可能他們原本就是這麼看待自己，這種狀況下，就有可能構成「自欺」。

自欺是否眞的存在，哲學界尚無共識。儘管如此，我仍然假定自欺的現象眞實存在。自欺乍看之下就是對自己說謊。與說謊的人一樣，自欺的人心裡肯定對眞實存有一套想法，但卻提出與自己想法不同的主張。差異在於，習慣說謊的人是對他人說虛假的事，但自欺的人卻是對自己說虛假的事。自欺之所以是一個難以理解的現象，在於自欺本質上是矛盾的，也就是說，一個人對於同一件事既相信又不相信。騙人的人與被騙的人是同一個人，而且這一切必須發生在同一個意識裡。儘管如此，既相信p又相信非p似乎不可能成立。然而我們可以尋求比較不矛盾的解釋：如果自欺的人有更充分的理由相信p，因爲p有更健全的證據支持，而自欺的人也充分認識到這一點，但自欺的人相信p的同時卻也相信其他的事，導致他們選擇忽視那些支持p的證據。不僅如此，我可能「想」相信某個特定的事物。舉例來說，某個教派的成員繼續相信教派領導人是個了不起的人物，儘管有充分的理由相信他不是。一個遲遲無法成名的平庸藝術家爲此情況找各種藉口，但事實顯示他就是能力不足。有些感到孤獨的人認爲，自己之所以孤獨是別人的問題，他們不願承認有時問題是出在自己身上，如果一個人不願珍惜與他人的關係，自然會感到孤獨。

我們曾經提到，伯納德・威廉士認爲符合眞實有兩個要件：(1)眞誠與(2)精確。我們會理所當然地認爲，在這兩個要件中，自欺的人無法做到的是眞誠。然而威廉士卻主張，自欺的人無法做到的其實是第二個要件：精確。自欺的人是眞誠的，但他們無法保證自己的眞誠不會建立在流沙之上。威廉士認爲，自欺就跟一般的欺騙形式一樣：一個騙子使用欺詐的手段讓某人陷入錯誤。在這種狀況下，我們必須雙管齊下，不僅要阻止騙子繼續騙人，也要讓被欺騙的人不再那麼容易受騙。威廉士因此同意《辛普森家庭》（*The Simpsons*）中荷馬・辛普森（Homer Simpson）說謊被妻子揭穿時做的回應，他說：「美枝（Marge），說謊需要兩個人，一個說謊，一個聆聽。」荷馬認爲，太太跟自己都要爲他說的謊負責，美枝聽信他的謊言，因此美枝也是共犯。眞正的資訊交換需要精確的聆聽者與眞誠的說話者。威廉士又說：「如果真有自欺這種事，那麼上述的道理也應該適用於自欺。事實上，自欺者的失敗之處，與其說是身為加害者表現得不真誠，不如說是身為受害者表現得思慮不周。」[5]根據這項分析，自欺應該比較類似於似是而非，而不是說謊。

對自己眞實或許要比對他人眞實來得困難。所謂的自我洞察往往更容易似是而非，反而無法符合眞實。帕斯卡寫道：「充滿缺點無疑是一種邪惡；但充滿缺點卻又不願承認，是更大的邪惡，因為這將帶來更進一步的邪惡，也就是刻意自欺。」[6]然而，人的一生如果完全摒除自欺，這樣的人生可能會十分難熬。如果你把人生出現的每一句自我誇獎的好話全都去除，那麼結果恐怕不只是氣餒沮喪能夠形容。或許我們無論如何都該試著這麼做。康德認爲，我們有誠實的義務，不僅要對他人誠實，也要對自己誠實。人類是唯一能洞察自己而且有責任洞察自己的生物，透過洞察自己，人類才能讓自己「更好」。康德認爲，如果我們能嚴肅而眞誠地檢視自己，那麼絕大多數人都將得到一個令人鬱悶的結論。然而，根據康德的看法，人類有著自欺的傾向，因此人類能洞察自己並且瞭解自己是多麼可悲的生物，其實是非常不尋常的事。儘管如此，自欺也並非如此絕對，乃至於可以完全阻止人類認清自己是誰與自己應該是誰之間的差異。話雖如此，也不是每個人都能領悟這一點。

盧梭毫不妥協的自欺

在哲學家中，最明確宣稱自己應該做到完全誠實，特別是對自己誠實的，或許就是盧梭（Jean-Jacques Rousseau）。然而，盧梭最終卻成了一個惡名昭彰的說謊者，或許還完全騙過了自己。

在他的兩冊作品《懺悔錄》（*Confessions*）中，盧梭宣稱沒有人比他更致力於追求眞實。盧梭進一步推測：眞實無需外求，想揭露真實，人只需探查自己的情感。可惜的是，我們必須委婉地說，盧梭的《懺悔錄》並不可靠，他自己甚至在最後的作品《一個孤獨漫步者的遐想》（*Reveries of the Solitary Walker*）中坦承這一點。而在最後作品裡，盧梭也跟先前幾部作品一樣，添入了大量的虛假內容。盧梭提到，他在年輕時曾說過一個謊，把一個無辜的旅館女服務生害慘了，女服務生被指控偷竊，但實際上東西是盧梭偷的，這件事讓盧梭一直感到愧疚。盧梭寫道：「這起不幸的記憶與難以磨滅的悔恨，使我深刻感受到說謊的可怕，使我往後的人生不致再犯同樣的錯誤。」[7] 盧梭說得輕鬆，但實際上卻是一犯再犯。

英國哲學家大衛・休謨（David Hume）曾經不幸地與盧梭有過短暫的交情，他表示，盧梭眞的認爲自己完全誠實面對自己，然而實際上，在這個世界幾乎找不到比盧梭更不瞭解自己的人。[8]要找出例子佐證休謨的說法並不難。《一個孤獨漫步者的遐想》充滿了大量偏執的幻想，盧梭成天妄想自己的敵人正滿懷惡意羅織陰謀對付他，然而實際上卻是盧梭自己的混帳行徑使得他的朋友紛紛離他而去。盧梭自己曾經如此說道：「談到邪惡，我的意志裡完全沒有這種東西，我懷疑世界上有誰真的比我更少做出邪惡的行為。」[9]盧梭從未眞正理智且嚴肅地觀察自己，因此，終其一生，儘管他完全沉溺於自己的內心世界，他從未眞正地認識自己。由於盧梭無法對自己眞實，也無法對他人眞實，因此盧梭是個完全不值得信任的人。

有點諷刺的是，盧梭的人生格言居然是：「畢生追求真實。」（To devote one's life to truth）你可以說，盧梭幾乎完美示範了把生活與學術徹底分離的技巧。盧梭的《愛彌兒》（*Émile*）是一部討論如何完美養育孩子、深具影響力的作品，但盧梭自己與終生伴侶泰蕾茲・勒瓦瑟（Thérèse Levasseur）生下的五個孩子，卻都在一出生就送進了孤兒院。盧梭對此的辯解是，他養不起孩子，而且他也是爲了顧及泰蕾茲的名譽，況且讓孩子在孤兒院成長會讓他們更「健全」。[10]當時法國孤兒院的死亡率遠高於平均，而盧梭對此似乎不以爲意。也許盧梭眞的不瞭解孤兒院的狀況有多悲慘，但他應該不可能眞的相信孤兒院可以提供孩子良好的成長環境。此外，盧梭強調在孤兒院長大的孩子可以成爲一般的工人或農人，而非跟他一樣生活在墮落的社會生活裡。爲了替自己的說法提供更具哲學性的論據，盧梭語帶感激地援引柏拉圖的理論，認爲養育孩子的責任應該由國家承擔，孩子不應該認識自己的父母。這聽起來更像是一連串的強辯，而非誠實的陳述。在《懺悔錄》中，盧梭提到他與泰蕾茲的母親如何說服泰蕾茲放棄孩子，因爲這種事在當時相當正常，而盧梭做這種事時似乎完全不會感到良心不安。[11]

盧梭之所以選擇將孩子送進孤兒院，最明顯的原因就是孩子會構成盧梭自我實現的障礙——他不希望既有的生活方式受到影響。然而盧梭深信自己是如此傑出，擁有近乎無限的同情心與良善，因此他從來沒想過自己會是這種人。如他在《懺悔錄》裡顯示的，他在做了整體考量之後，認爲自己在眾人之中確實是最優秀的。[12]儘管如此，盧梭肯定也隱隱感受到自己所做的事不爲世人所接受。盧梭提到在一次午餐中，一名孕婦問他有沒有孩子，盧梭想起過往的一切：「整個臉都漲紅了，我只能回道，我沒那麼好命」。[13]顯然，盧梭並不認爲自己把孩子送進孤兒院的做法毫無問題，因此他無法當著孕婦的面，坦然承認自己其實有小孩。[14]盧梭也承認，自己曾經多次因爲羞愧想避免尷尬而說謊。這樣子的話，盧梭怎麼能說自己這一生都把眞實放在第一位？

這些全是盧梭親口所言，他曾寫道，他訝異於自己無條件地追求眞實，卻又撒了這麼多的謊。[15]不僅如此，盧梭也提到自己爲了避免陷入尷尬的處境而說謊，而他對此並不感到後悔。爲了解決這個問題，盧梭做了各種狡辯，例如他表示，只有當跟你說話的人有可能從聽到眞話中獲益時，你對他說的謊言才叫謊言；而由於他說的絕大多數謊言都屬於無關痛癢的小謊，因此這些小謊就不算謊言。這個標準很有問題，因爲你如何確定什麼東西能讓跟你說話的人「獲益」？盧梭使用的標準是：「在經過反思之後，我認為我對真實的追求建立在公平正義的情感上，而非現實事物上。因此在實踐時，我更傾向於服膺我的良知給予的道德指示，而非抽象的真假觀念。」[16]換言之，只有在盧梭的良知告訴他這是謊言時，一個陳述才算是謊言。

盧梭似乎認爲，只要他秉持良知，那麼他所做的一切都將是良善的。

良知是自我認識的核心，但良知卻不是像盧梭所想的，可以作爲自我認識毫無謬誤的來源。如果一個人做錯了事，他必然有一個不好的良知；不能反過來說，因爲良知不可能不好，所以他不可能做錯事。威廉・凱利中尉（Lieutenant William L. Calley）是這種謬誤的極端例子，他被指控犯下了一九六八年三月十六日的美萊村大屠殺（My Lai massacre）。在九十分鐘的屠殺中，有五百〇七人遭到殺害，包括一百七十三名兒童與七十六名嬰兒。凱利自己就殺了一百〇二人。官方報告表示：「在戰鬥中殺死了一百二十八名敵軍。」首先，被殺的人數是五百〇七人，而非一百二十八人；其次，他們不是在戰鬥中死亡，而是遭到屠殺；第三，他們不是敵軍，不是敵人，他們只是平民。在凱利眼中，他只是盡忠職守，當他被指控犯下大屠殺時，他感到難以置信：

我搞不懂，我怎麼想都想不明白。難道我真的做錯了？我知道戰爭是錯的，殺人是錯的：這些我都懂。不過，我加入了戰爭，我殺了人，但我知道這是錯的——

其他一百萬人也知道這是錯的。我坐在那裡，我搞不懂。我腦子想著那些美萊村民：那些屍體，但我並不覺得哪裡不對。我發現越共，我與越共交戰，我消滅了越共，這是那天的任務。我不認為我自己做錯了，我也不感到後悔。[17]

光有良知是不夠的，還要對一個人實際的行爲仔細加以檢視。良知頂多只會讓你似是而非，而不是符合眞實。良知的字源是拉丁文「conscientia」，這個字與希臘文「syneidesis」同義。這兩個字有共通點：它們的字首（con- 與 syn-）意思相同。這兩個字暗示著一種共同的認識（co-knowledge），一種對自我的認識。也就是說，要檢視自我，判斷自己的行動與動機。自欺阻止良知指引我們的行動。如果我們不正視自己性格中惡劣的部分，我們會傾向於做出不道德的行爲，而且不會改正我們做的壞事。我們在道德上有責任坦誠面對眞實的自己。承認自己在許多方面是惡劣的，可以讓你知道自己是誰，你可以藉此建立基礎，讓自己成爲更好的人。即使我們有充分的理由相信，日後你仍會重蹈覆轍，仍會再度犯下令人惋惜的錯誤，但至少現在你有了可以不斷努力的目標。盧梭良知的運作方式，不可能讓人產生洞察，也不可能讓人改正人生犯下的錯誤。盧梭的良知只會告訴你，一切都處於完美運行的狀態。良知如果無法接受更正，就不可能帶來自我覺察，而只是自欺。

如果有人跟盧梭一樣，與眞實的關係如此鬆散，長此以往，必定會陷入孤獨。這種狀況也是《一個孤獨漫步者的遐想》的主題：

> 我孤伶伶一個人，沒有任何兄弟、鄰居、朋友，我離群索居，獨自生活。最善於交際與情感最豐富的人在眾人一致同意下被逐出社會。他們的恨意達到極致，他們想盡辦法要用最殘忍的方法折磨我敏感的靈魂，粗暴地斷絕我與他們的一切連繫。[18]

盧梭只想以自己的目光來界定自己的性格——他不希望受到別人的目光左右。然而，正因爲盧梭拒絕相信外人的目光能爲他帶來助益，才導致他自己的目光遭到系統性的扭曲，最終淪爲自我奉承。

我們其實也能用批判的目光觀看自己。亞當．史密斯曾經發展了一個理論，叫做「公正無私的旁觀者」（impartial spectator）。史密斯表示，人是社會的動物，即使我們感到羞愧、想擺脫他人批判的目光，人依然會因爲害怕孤獨而選擇跟他人在一起。[19]史密斯強調，獨自長大的人，永遠不可能認識自己。[20]獨自生活的人會誤判自己，不僅會高估自己做的好事，也會放大自己蒙受的傷害。[21]我們需要他人注視著我們。但最重要的道德目光始終來自於我們自己。對史密斯來說，道德的基礎在於想像力，我們可以想像外人如何看待自己，並且站在公正無私的旁觀者視角來評估自身的行動。

公正無私的旁觀者使我們瞭解自己在這個世界上不過是滄海一粟，我們並非宇宙的中心。從公正無私的旁觀者視角來看，你的自我利益是正當的，但同時你會發現他人的利益也是正當的，因此在尋求自利的同時，你也必須確保他人的利益獲得滿足。當你努力追求自身利益時，根據史密斯的說法，你也必須採取一定的方式，讓自己成爲一個更好的人：你不僅要在他人眼中變得更好，而且必須確實變得更好，你不僅要「受到喜愛」，也必須變得「可愛」，也就是值得受到喜愛。[22]

然而，如史密斯所言，正視自己的缺點是一件很不舒服的事，因此我們寧可規避一切可能讓我們對自己產生負面評價的事物。史密斯又說：「這種自欺是人性致命的弱點，人類生活的混亂有半數源自於此。如果我們從他人的眼光注視自己，或者想像他們知道我們的一切、他們將如何看待我們，那麼我們必然會產生洗心革面的想法。我們不可能忍受他人這麼看待自己。」[23]

自我呈現*與自欺

幾乎沒有人瞭解自己在想什麼，更不用說讓別人瞭解自己了。「認識你自己」（Gnothi seauton）是刻在德爾菲（Delphi）阿波羅神廟入口上方的一句格言。認識

*編註：self-presentation，與印象管理（Impression Management）意思接近，是加拿大社會學家厄文・高夫曼（Erving Goffman）於一九五九年提出的理論。

你自己是每個人對自己負有的一項義務。但自我認識並不容易。我們每個人都是騙子，不僅欺騙他人，也欺騙自己，我們總是樂於高估自己，以爲自己懷抱高尚的道德動機。我們說謊時很少能像我們必須完全對自己坦誠時那麼具說服力。但最後，我們還是開始相信自己的謊言，甚至可能不會察覺到自己說謊，除非我們編造的故事出現矛盾。這是爲什麼你在某個場合認識的人，之後又在另一個場合出現時，會讓你感到不適的原因：因爲你在不同場合說的故事，隨著這個人的出現，將變得很難前後一致。遇到這種情況，我們通常還是會繼續我們的故事，並且希望謊言不會被自己或他人揭穿。

對他人誠實也許比對自己誠實來得簡單，而一個人要對他人誠實，恐怕要先做到對自己誠實。唯有對他人誠實，人們才願意相信你；而唯有對自己誠實，你才能相信自己。如果你不相信自己，沒有人會相信你。

我們總是不斷重新塑造自己的形象。在《阿爾弗雷德・普魯弗洛克的情歌》（*The Love Song of J. Alfred Prufrock*）中，艾略特（T. S. Eliot）寫道：「準備好一張臉，面對你遇到的好幾張臉。」[24]舉例來說，我們會根據場合的不同與希望他人如何看待自己，來選擇衣著。身爲社會的動物，我們往往爲了彼此而扮演角色，我們會檢視自己，確保自己正確扮演這些角色，並且遵循社會的遊戲規則。加拿大社會學家厄文・高夫曼接受這個觀點，他甚至主張，自我只是在社會處境中在觀眾面前扮演的一套角色。[25]雖然我對高夫曼自我的社會化約觀點有所保留，但他的說法顯然打到了重點。我們不僅創造了自身的呈現方式，我們也在他人面前進行表演，扮演著自己的角色。

康德對於這種主張抱持正面看法，因爲透過扮演這類角色，我們可以養成好的習慣，最終內化成道德性格的一部分：

> 每個人都是演員——演得愈投入，就愈文明。每個人都投入了這場充滿情感、尊敬他人、節制、無私不欺騙他人的表演，儘管大家認為這只是逢場作戲。這種表演在世界上進行，是一件好事。如果人類持續扮演這些角色，那麼就算他們扮演的只是真實美德的外觀，但在經年累月的影響下，他們的內心也會逐漸受到啟迪，這些美德終將成為他們意志態度的一部分。[26]

扮演這些角色非但不是欺騙他人，而且我們可以因此成爲更好的人。同時必須留意不要高估了自己，因爲人類總是帶有高估自己的傾向。

這類表演的重要部分是在他人面前講述自己的故事，而我們很容易對眞實稍做美化，或者是跳過比較平淡的部分而強調其他情節，或者甚至虛構從未發生過的事。我們講述自己的故事時總是不乏創意，編造虛構終究難以避免。當你將自己的人生編寫成故事時，你對自身的認同也隨之而生，你的過去與未來都將爲你的現在賦予意義。[27]故事把你的經驗組織成有意義的插曲，並且將這些插曲組成一個整體。換言之，我們爲我們的人生注入意義——並且藉此認識自己——就像我們在其他故事裡扮演角色一樣。我們會把角色的背景與角色要做的事連繫起來，他們對未來有什麼計畫、會發生什麼事，特別是他們會與周遭的人建立什麼關係。講述自己的故事，就是成爲自己。

當然，問題在於我們不是完全符合眞實的敘事者。我們傾向放大自己的善行、輕描淡寫自己的惡行。我們會將負面行爲留在遙遠的過去，並將善行放在當下的位置。當我對自己與他人講述自己的故事時，我一般都會試著規避壞事而多說點好事。我也喜歡將自己美化成擁有許多良善的動機。每個人都有一套置換系統。我會更常以好的形象出現，不是因爲所有負面的事物都被刪除了，而是我的回憶無疑經過美化的篩選。瞭解這一點，可以讓這個霧化的過程受到控制。有時我們對他人說的謊太有說服力，導致我們自己也開始相信自己的謊言。這些謊言甚至可能持續一輩子。拉羅希福可（La Rochefoucauld）寫道：「我們已經如此習慣在他人面前偽裝自己，以至於到最後，我們甚至也在自己面前偽裝自己。」[28]

我總是覺得自己記性很好，但有時我會懷疑自己的記性是不是好過頭了，以至於我甚至擁有從未發生過的事的記憶。這些事很少是什麼特別的事，多半只是一些小事。我會在不同場合跟自己與他人講述這些事，而每次講述時，這些事的內容都會略做修改。然而故事裡總有一部分是我不會再繼續增添的最終版本，我清楚記得是什麼樣子，但卻無法明確表達出來。可惜我平日沒有拍攝影片的習慣，因此無法證明我的記憶是否正確，但如果當時有我認識的人在場，我一定會問他們對同一件事的印象，儘管我很清楚知道他們的記憶跟我一樣不可靠。

創造虛假的記憶相對容易。在實驗中，實驗人員要求受試者描述他們從未目睹的、純屬虛構的事件，結果居然有半數受試者對事件擁有虛假的記憶。[29]我們可以說，儘管受試者當時能察覺這些事件從未發生、是因爲實驗需要才被虛構出來，但受試者還是能記得這些事件。在日常生活中，我們並未置身於這類實驗架構裡，但我們還是傾向相信我們腦子裡記得的事物實際上必然曾經發生過。

當你明知自己說的是謊言，卻還是說謊時，你其實可能傾向於相信你所說的謊是眞的。[30]這種傾向造成的影響，遠比只是打算說謊，卻並未對任何人說謊大得多。說謊不只是說服他人相信一件不眞實的事：就某種程度來說，說謊的人也在說服自己。這無疑是一種自欺。

你應該避免向他人說謊，原因很簡單，說謊的人最終可能相信自己說的謊是眞的。如果你不顧現實，把自己想像成一個非凡的人物，你也許會讓自己的人生過得很愉快，然而你將永遠不知道殘酷的現實什麼時候會追上你的腳步。如果你能自欺直到人生的最後一刻，代表你完全不瞭解自己，並糊裡糊塗地進了墳墓——人生如果是這樣結束，實在是蠻悲哀的。

4

謊言與友誼

絕大多數人身邊都會有這樣一個朋友或認識的人：他會大談自己荒誕不經的故事；他會說自己曾經遭遇過非比尋常的事。一開始你對他所說的一切深信不疑，但之後卻發現這些故事完全不合常理。我一向不會太認眞看待這些故事，認為這些故事僅供娛樂之用。問題是，這些故事會隨著時間不斷累積，而作者無疑又會繼續對其他朋友講述其他異想天開的故事，到了最後，恐怕連作者也不記得自己說了什麼。一般來說，謊言不至於造成多大傷害，但我對一個人的敬意卻會因爲這個人說謊而消耗殆盡。此外，這也意謂著，我結識的其實不是那位說謊者本身，而是他創造出來用來自娛娛人的事物。友誼的養成仰賴持續增進與詮釋朋友與自己的過程，並因此加深對彼此的了解。說謊的人破壞了這個過程，因此說謊等於違反了友誼契約。

厄文・高夫曼指出，當我們發現自己來往的人是個騙子時，感覺就像我們發現這個人其實根本沒有權利扮演「他自己」這個角色。[1]高夫曼又強調，騙子把他的角色扮演得愈好，我們就愈感到忿忿不平，因爲我們相信扮演一個角色的「能力」與「權利」之間存在一種關係或連結，而騙子破壞了這個連結。簡言之，通常一個人宣稱自己是誰時，我們傾向相信他，但騙子卻破壞了這份信任。尤其當某人扮演的角色是你的朋友時，就更令人氣憤。

亞里斯多德認爲，友誼是美好人生的必要成分，即使失去友誼可以換來人生在世所需的一切，也沒有人會願意選擇沒有友誼的人生。[2]然而要擁有友誼，必須先有互信。如果你不相信他人，或他人不相信你，就不可能建立友誼。[3]你必須相信你的朋友，但這種信任不是全面的，雖然我必須相信我的朋友對我是誠實的，但我不一定會相信他是個傑出的腦外科醫生，有能力用小手術治療我的頭痛。從這個意義來說，信任是有條件的，但不表示信任不存在。完全不信任彼此，等於違反了友誼的規範。拉羅希福可說的很對：「不信任朋友比被朋友欺騙更可恥。」[4]不信任對方，說明你不是眞正的朋友；如果你不是眞正的朋友，那麼或許你被騙也是應該的：「我們不信任他人，他人欺騙我們也是合理的。」[5]

康德強調，友誼的基礎在於絕對信任，兩個人必須能透露彼此的想法、祕密與感情。[6]想擁有眞實的友誼，朋友之間必須做到誠實無隱。[7]不僅你必須對朋友完全誠實；你的朋友也必須對你完全誠實。我們需要向他人坦誠，但有些事我們無法向所有人坦誠，他人對我們也是如此。[8]你只能跟一個人或幾個人建立這種能夠完全坦誠的特別關係。[9]康德在倫理學講義中提到，沒有朋友，人將是完全孤立的。然而，如果你的朋友常常都在欺騙你，不讓你知道他的眞面目，那麼你依然是孤立的，因爲你連結的只是一個幻覺，只要你沉迷在這個幻覺之中，你就不會覺得自己是孤立的。[10]

康德或許誇大了分享祕密的重要性。就我而言，我必須說，我並未跟我的朋友分享許多祕密，因爲我沒有很多祕密可分享，但我確實偶爾會有祕密。祕密這個面向會對友誼帶來另一個與眞實相關的問題。分享祕密的前提是祕密不能被傳遞出去，然而如果你必須在洩漏祕密與對別人說謊之間做選擇，你會怎麼做？顯然，你會面臨責任的衝突，而我不認爲這個問題有具一般性而令人滿意的答覆。

然而，我認爲你完全可以避免這個問題，你可以不回應，也可以回應得避重就輕。在非常特別的情況下，例如在法庭上宣誓作證，此時你就算說眞話也沒有嚴重冒犯別人的問題，在這裡，眞實比友誼來得重要；然而，在絕大多數情況下，特別是完全屬於私人的事務上，我或許會把友誼擺在眞實前面。

對我們來說，你不一定非得分享內心最深處的祕密才能交朋友，這些事絕大多數應該保留給自己，你要跟朋友分享的應該是你不會跟每一個人分享的事。我們必須跟大多數人保持距離，這樣才能與少數人建立緊密關係。我們建立不同的關係，並且根據不同的關係選擇揭露不同面向的自己，並且讓他人用不同的方式來接觸自己。有些事則只有自己知道。有許多事，我們會希望在能稍微卸下僞裝表達自己的環境，只與家人和朋友分享。還有一些事我們則是想跟更廣泛的聽眾分享。如果你與我分享的事物，跟你與每個人分享的事物是一樣的，那麼我們之間只是點頭之交，不算是朋友，因爲你我之間並無特殊的連結。只是「認識」沒什麼不好，我的確結識許多我覺得非常好的人，但那是不同的關係，不像友誼那麼緊密與彼此約束。如果認識的人實際上與他對外呈現的樣子完全不同，那麼我對他的觀感會改變，但我不會特別感覺自己遭到背叛。如果是朋友的話，情況就不一樣了。朋友的欺騙會讓我覺得兩個人彷彿從未認識過彼此。這就像是我拿到一幅著名藝術僞造者范米格倫（van Meegeren）的畫作，而非維梅爾（Vermeer）的眞品。說得不客氣一點：說謊的朋友就不是朋友了，他成了冒充者，他用欺詐的手段混進了我的生活。

在虛構世界與眞實世界都存在著許多這類例子，這些人一輩子都活在謊言中，就連他們的朋友與家人也不知道他們到底是誰。影集《廣告狂人》（*Mad Men*）中，唐・德雷柏（Don Draper）頂替了韓戰中陣亡的士兵身分，建立了新的人生。然而，冒名頂替他人的身分是一件吃力的事。要維持這樣的謊言，時時刻刻都不可掉以輕心，因爲現實無法提供支持，而且還要不斷用新謊來圓舊謊。要像唐・德雷柏一樣，將自己的人生建立在一張複雜的謊言之網上，是個難以負荷的重擔。眞實世界的例子則是法國人尚－克洛德・羅芒（Jean-Claude Romand）。他一開始只是撒個小謊，說自己通過考試，但往後十八年間，小謊逐漸擴大成無所不包的欺騙，包括他告訴家人與朋友，說自己是個合格醫生，而且是世界衛生組織的研究員。[11]

羅芒每天都假裝自己外出上班，但絕大多數時間卻是在外頭閒晃。他有時會說自己要到外地出差，實際上卻只是在當地機場附近的旅館裡待個幾天後返家。爲了維持生計，羅芒謊稱協助親戚進行投資，實際上卻是用他們的錢來維持自己的生活。他還有一個情婦。一九九三年一月九日，羅芒覺得自己的謊言已經快被揭穿，於是用擀麵棍打死自己的妻子，然後趁著孩子睡覺，用槍射擊他們的頭部殺死他們。然後他去找自己的父母，槍殺他們與他們的狗。之後他試圖殺害自己的情婦，用催淚瓦斯噴她的臉，然後用繩索勒住她，但最終並未得逞。最後，他試圖自殺，但他死意不堅，所以還是活了下來。他在牢裡關了二十六年，於二〇一九年獲釋。

對於那些說謊而且必須持續用新謊來圓舊謊的人來說，他們對謊言的投入太多，以至於他們最終無法承受謊言遭到揭穿的代價。像這類撒了一堆謊的人，如果他們說的謊最後遭到揭穿，他們的社會身分最終還剩下什麼？這些人依然能夠擁有自己的私人身分，因爲他們從未與任何人分享過自己的私人身分，但他們的社會身分將會完全毀滅。說謊的人在生活上的主要難題不只是要用這兩種身分活著，而是要讓這兩個身分互不干涉地獨立存在，因爲這兩個身分在現實上無法共存。

我們每個人都擁有自己的私人身分，而且我們很少對外公開自己的私人身分。有些人看似毫無隱瞞，經常在社群媒體或其他地方分享自己的想法，就連這些人也擁有私人身分。對絕大多數人來說，把專屬於私人身分的事對外揭露會讓他們感到不適，但這麼做不至於完全破壞我們的社會身分，前面提到的德雷柏或羅芒就是明顯的例子。私人身分被揭露，也許會稍微影響我們的社會身分，但不見得無法符合別人對我們的一般描述。友誼的關鍵部分特別表現在讓另一個人能夠接觸私人身分中那些絕不會與公眾分享的事物。說謊成性的人必須完全隱藏自己的私人身分，因此他絕不可能有任何朋友。其他人也許覺得自己是他的朋友，但這只是一種幻覺。

我們對自己生平的描述是動態的。如今五十歲的我在提到二十歲的我時，說法會跟三十歲的我完全不一樣。五十歲的我眼中的二十歲的我，跟三十歲的我眼中的二十歲的我，似乎不是同一個人。基本的事實，例如我讀什麼系、我的女朋友是誰、我住哪裡，這些不會有任何變化，但在我心目中最關鍵的事件卻不一樣，我對事件的連結也不同。五十歲的我與三十歲的我，講述的故事不一樣，但兩種故事都不是謊言。朋友或許會糾正我，指出我漏掉某件重要的事，或認為我誇大了部分故事內容，但他依然承認這個故事是我的故事。朋友的職責就是，當我們的故事脫離現實時，他會出面糾正我們。

如果朋友相信自己的謊言，我們該怎麼做？舉例來說，朋友與自己的子女失去連繫，他抱怨自己受到不公平的對待，因為他一直是個稱職的好父親，把子女的需要放在最優先的位置。這是他經常對自己說的故事，而他對此深信不疑。問題在於，你知道這不是真的。你很清楚他不是會虐待小孩的人，但他確實把自己與事業放在第一位，他的家人則排在後面，他很少回家，因此孩子幾乎不認得他。這樣的故事周而復始地發生：如果事情不能如某人的期望進行，那就是不公平，或者就是其他人的錯——絕對不是他自己的缺點造成的，事情變成這樣絕不是他的責任。從外人理智的角度來看，可以輕易判定他應該為所有的問題負起主要責任。如果他真的相信自己說的每一句話，那麼我無法指控他對我說謊，但某方面來說，他依然是說謊的人，因為他對自己說謊。跟這種人維持友誼要非常謹慎。不是因為他會違背友誼的規範——即使他說了不真實的事，他實際上也並未對我說謊——而是因為他對自己說謊，而且對自己的謊言深信不疑，這讓我覺得他是個非常不可靠的人。畢竟，如果他連自己也不相信，那麼我也很難相信他。如果我想當他的好朋友，我必須試著糾正他對自我的理解，一步一步地進行，試著讓他對自己過去的人生負起責任。我們的朋友必須告訴我們眞實的自我是什麼樣子，即使聽了會讓人很不愉快，這是朋友最重要的義務。如拉羅希福可所言：「友誼中最艱難的任務，不是向我們的朋友坦誠自己的缺失，而是讓他知道他自己的缺失。」[12]

假設你外出購買一面巨大的全身鏡，有兩面供你選擇。第一面鏡子反映出你在他人眼中實際的樣子。第二面鏡子比較高科技，它會爲你拍照，然後把照片傳到修圖軟體，它可以消除你的皺紋，在身體的適當部位減少或增加幾公斤，還能進行微調，此時你從鏡中看到的將是最具吸引力的自己。你最想掛在牆上的是哪一面鏡子？在你走出家門面對世界之前，你想看到的是高科技鏡子裡的自己，還是眞實鏡子裡的自己？同樣的道理也適用於你的朋友。你希望朋友總是告訴你你最想聽的，還是他們對你眞正的看法？選擇前者，也就是舒適的幻覺，等於選擇與現實脫節。

美國哲學家羅伯特・諾齊克（Robert Nozick）提出了一項哲學思想實驗，他稱之爲經驗機器，你可以接上這部機器來度過餘生，體驗你想體驗的一切。我們可以擁有各種經驗，例如擁有美好而完全沒有問題的家庭，身邊圍繞著超棒的朋友，在溫布頓網球錦標賽（Wimbledon）擊敗所有選手並贏得歐洲冠軍聯賽，解決各種政治問題，讓貧困與汙染完全消失，完成劃時代的哲學大作並因此榮獲諾貝爾獎。當然，這一切都只是巨大的幻覺，但感受到的幸福卻十分眞實。所以接下來的問題是：你願意接上這部機器嗎？如果讓自己覺得幸福就是唯一的考量，那麼不接上機器就成了不理性的行爲。接上機器之後，你會覺得一切都是眞實的，從此過著幸福快樂的日子。事實上，你想多快樂就可以有多快樂。另一方面，不想接上機器則代表你認爲世上還有比幸福更重要的事：眞實的關係與成就要比虛幻的關係與成就更有價值。絕大多數的人會宣稱他們不想接上經驗機器。

然而我們已經看到，我們總是很容易對自己的生活產生個人的幻想，導致我們對自我認識愈來愈脫離現實。我們創造了自己的經驗機器，因爲生活在這樣的機器裡可以讓我們過得舒服一點。因此，朋友的任務應該是將我們從機器的懷抱中拉出來，讓我們重新回到現實。我們應該對此表示感謝，然而實際上卻不一定是如此。拉羅希福可寫道：「能夠睿智地接受有用的批評而拒絕不忠的讚美，這樣的人少之又少。」[13]我們應該要睿智一點，不管多難受都必須聆聽別人對我們的指正。人生有誠實的人相伴是一件好事。但你怎麼知道他們是誠實的？你永遠無法確定，但你會有確定的「感覺」。之所以會覺得確定，是因爲這些人在過去一直是誠實待人：舉例來說，在某個情況下，明明說謊是比較容易的事，但他們卻選擇誠實。當你的周圍都是誠實的人時，你會知道，當他們認爲你犯錯或做錯事時——簡言之，當你沒有做好自己時——他們會告訴你。這是爲什麼當他們稱讚你時，你也可以相信他們是眞心的。他們是你的浮標，可以協助指引你人生的方向。

朋友有責任符合眞實，不只是因爲必須這麼做，也因爲友誼本身必須反映出一定程度的眞誠。身爲朋友的職責是，當你認爲你的朋友正做出錯誤選擇或養成壞習慣時要立刻提醒他。這不是說，你必須不斷將自己的喜好加諸在朋友身上，因爲這會讓你變成一個自命不凡的討厭鬼，幾乎不會有人會想跟這樣的人交朋友。然而如果朋友做什麼你都無條件支持，那麼身爲朋友的你並未善盡自己的責任。

你需要朋友，因爲你需要一個瞭解你、希望你愈來愈好的人，對你提出批評指教。想擁有眞正的友誼，其基礎就必須建立在雙向相互的善意上。很多人對友誼有著憤世嫉俗的看法，如歌手莫里西（Morrissey）的歌曲〈我們總是見不得朋友成功〉（*we hate it when our friends become successful*），以及戈爾・維達爾（Gore Vidal）寫的「每當某個朋友成功，我心裡某個微小的什麼也跟著死去。」（Whenever a friend succeeds, a little something in me dies.）這種觀點的友誼並非眞正的友誼。眞正的朋友批評你時，你知道他們的批評是善意的。他們的批評也許不中聽，也許你不一定同意，但你必須認眞看待。如果只接受朋友的稱讚，那麼你不會有任何朋友。

如果你是出了名地愛說謊，那麼你就不用指望自己能交到很多朋友。柏拉圖寫道：

> 在所有的善當中，無論是神祇還是人類，都會認為真實應該居於首位。對於想知道幸福與快樂為何物的人，我誠心希望他從一開始就能擁有真實，如此他才能更長久地過著真實的人生。這樣的人是值得信任的；相反地，那些存心欺騙的人不值

得信任，而在無意間騙人的人則是傻子，無論哪一種都不值得羨慕。可以確定的是，無論是叛徒還是傻子都交不到朋友。時間一久，他終將行跡敗露，到了人生的盡頭，在年老的審判下，他要做好準備，自己將孑然一生，此時無論他的朋友與子女是否還活著，身邊都不會有他們的陪伴。[14]

柏拉圖強調說謊的人最終會孤獨一生，他的話其實有幾分道理。首先是人們如果注意到有人說謊，他們通常會對這個人敬而遠之——我們總是希望身旁的人是可以信任的人，你不可能相信一個騙子。此外，說謊的人爲了向所有人隱藏自己的內在，他會切斷任何與他人的連結。

5

說謊政治學

討論謊言與政治時，我關切的主要不是調查說謊在政治領域有多普遍，而是規範性的問題，亦即在政治領域，說謊是不是一種可接受的行爲，而如果可接受，有哪些情況可以說謊。

前挪威首相佩爾・博爾滕（Per Borten）在國會講臺上表示，對首相來說，說謊有時不只是一種權利，也是一項職責。說謊在政治領域似乎是必要的，然而這不表示政治人物擁有另外一套倫理，遵守著與一般人不同的規則。政治決定造成的結果遠比個人決定來得重大，因此政治決定需要更多的考量，有時就連謊言也可以成爲站得住腳的手段。

說謊在政治領域到底處於什麼地位，我們可以提出三個主要觀點：

1. 說謊在任何領域都不具有正當性，即使在政治領域也一樣。

2. 雖然誠實才是上策，但如果說謊對個人或國家有利，人們可以說謊。
3. 說謊是錯的，但有時在政治領域卻是必要的。

第一個觀點最明顯的代表人物是康德。馬基維利無疑是第二個觀點的領導人物。從比較狹義的觀點來看，柏拉圖也可視爲第二個觀點的代表，柏拉圖認爲決定性的因素在於什麼對國家與共同善是最好的，但馬基維利的考量則比較傾向於自利。第三個觀點則是德國社會學家馬克斯・韋伯提出的。

我們已經詳細討論過康德，他的論點這裡不再贅述。康德完全禁止說謊，認爲無論是一般民眾還是現役的政治人物都不應該違反這項禁令。雖然有些政治事務涉及重大的利害關係，但這與康德的倫理分析無關，因爲在康德的分析裡，決定性的因素是行動的「類型」，而非行動的結果。

哲學討論談到說謊在政治生活上扮演的角色時，經常會提到柏拉圖的《理想國》（*Republic*），認爲《理想國》是最早闡述說謊對政治生活的影響的作品。在《理想國》中，柏拉圖主張，向民眾傳達虛假的共和國社會階級起源並沒有什麼不對，因爲這麼做能使民眾「更願意關心國家與彼此」。[1]柏拉圖作品中的希臘文詞彙「gennaion pseudos」應該怎麼翻譯，引發了熱烈爭論，其中最常見的幾個翻譯是「高貴的謊言」（noble lie）、「高貴的神話」（noble myth）、「高貴的虛構」（noble fiction）或「高貴的虛假」（noble untruth）。柏拉圖非常強調眞實的重要性，因此當他爲這類高貴的謊言辯護時，確實令人感到吃驚。柏拉圖辯護的對象，與其說是謊言，不如說是說謊者。他認爲有些人擁有較高的才智，他們可以判斷什麼時候對才智比他們低的人說謊是正確的。柏拉圖寫道：「不僅如此，我們必須把真實放在最重要的位置。如果我們剛才說的是對的，虛假對眾神而言毫無用處，但對人類來說卻是有用的處方或醫藥，那麼顯然這種事必須交由醫生來判斷，外行人不容置喙。」[2]在理想世界裡，說謊毫無容身之地。但在具體的現實世界，不是所有人都能體現出最高尚的理想。正確劑量的謊言可以充當「良藥」，讓一般人表現出應有的樣子，然而只有最睿智的人才能判斷何時說謊與如何說謊：「因此，城市的統治者會為了國家利益而對敵人或民眾說謊；其他人對此無權過問。」[3]一般民眾說謊會遭到嚴厲處罰。[4]共和國的領導人可以說謊，而且也只有他們才能說謊。此外必須強調的是，柏拉圖對政治謊言的辯護不只局限於領導人能針對共和國的起源捏造大謊，他甚至主張只要領導人認爲有利，就可以說謊。例如領導人可以編造理由說明國家應該嚴格控制哪些人可以跟哪些人生孩子，如此才能養育稟賦最好的後代。「我們的統治者很有可能是為了臣民的利益，才必須大量使用虛假與欺騙。我們認為，而我們也如此相信，這些做法就像良藥苦口。」[5]柏拉圖的意思似乎是，共和國睿智的領導人知道眞實是什麼，因此他們的靈魂絲毫不受他們口中吐出的謊言影響。由於領導人的睿智，他們懂得考量何時是向不知眞實爲何物的「群眾」提供適量謊言的時機，也就是說，他們知道什麼時候該讓群眾吃藥。只要說謊對共和國與共和國的民眾有利，領導人想對民眾說多少謊都行。不過，柏拉圖並不認爲廣泛地使用謊言是對的，如前面提到的，他仍強調把說謊當成日常的人無法擁有成功的人生，而且會注定一輩子孤獨。[6]

對馬基維利來說，政治謊言根本不是問題。馬基維利主張，符合眞實值得表揚，但在政治領域，一個人爲了謀取自身利益，必須隨時做好說謊與欺騙的準備。[7]根據馬基維利的說法，人類總是無惡不作，除非迫於無奈，否則人類絕不會表現出美德。[8]長期而言，每個人絕對都會變得邪惡，即使是君主，也必須運用一切對自己有用的邪惡手段。由於人類絕大多數都是邪惡的，因此仁慈只會爲自己招來毀滅。馬基維利宣稱，如果有人使用謊言與欺騙來對付你，那麼你完全可以正當地使用謊言與欺騙來對付他。由於馬基維利深信人性本惡且不可信任，因此只要一有機會，人必定會使用謊言與欺騙。既然你無法假定他人會對你誠實，你也毋需對他人誠實。

湯瑪斯・霍布斯（Thomas Hobbes）也同意在政治上可以使用謊言。霍布斯認爲國家最重要的統治工具就是恐懼。他表示，沒有任何情感比恐懼更能讓人放棄違法的念頭。[9]國家以刑罰威脅民眾，對刑罰的恐懼促使民眾和睦相處。[10]霍布斯的基本觀念是，民眾應該會願意服從國家，因爲民眾相信服從對他們有利。國家必須確保民眾恐懼正確的事物，並適當引導民眾的恐懼，使民眾相信某些事物比其他事物更應該讓他們感到恐懼，因爲民眾不一定會自動自發地恐懼國家最希望他們恐懼的事物。霍布斯指出，國家需要進行一定程度的形象管理，放大某種現象，並且對其他現象輕描淡寫。因此，從霍布斯的觀點來看，說謊是一種正當的統治工具。然而，霍布斯也主張國家必須誠實說明政府本身的基礎。因此，霍布斯在談到國家權力基礎與民眾權利義務時，並不接受柏拉圖所謂「高貴的」謊言的說法。[11]他認為在這方面，當權者有責任對民眾說眞話。然而除此之外，只要當權者覺得有用，就能任意對民眾說謊。霍布斯也不認為一般的言論自由或學術自由可以用來批評掌權者。統治者必須獲得充分授權，使他們能詳細規定學生該學習什麼。[12]與柏拉圖一樣，霍布斯認為基於國家穩定的需要，說謊具有一定的正當性。霍布斯還主張，如果有人教導的哲學違反了法律，即使他教導的哲學符合眞實，也必須接受懲罰。[13]這表示政治優先於眞實，國家為了自身的利益可以任意說謊。然而與此同時，必須強調的是，霍布斯依然相信眞實，而且認為眞實獨立於政治利益而存在。對極權主義政權來說，這類獨立的眞實並不存在。

韋伯則提出了不同的取徑，他試圖在道德政治與現實政治之間採取中間立場，既不提出理想主義的要求；也不採取憤世嫉俗的觀點。前者認為在政治領域只能採取最具道德價值的手段；後者則認為原則上只要能實現目的，任何手段都是可接受的。韋伯寫道：

我們必須瞭解，以倫理為目的的活動主要依循兩個基礎不同且相互對立的格言：「原則性的信念倫理」（ethic of principled conviction）或「責任倫理」（ethic of responsibility）。信念倫理不等於毫無責任感；責任倫理也不意謂著缺乏原則性的信念——兩者當然不是完全互斥的概念。但根據這兩種倫理採取的行為，彼此之間確實存在著深刻的對立。關於信念倫理，我們可以用一句宗教描述來說明，「基督徒做正確的事，至於結果如何則交給上帝來決定」；責任倫理則意謂著，一個人必須為自己的行為造成的（可預見的）結果負責。[14]

韋伯會說，康德倫理學在政治領域站不住腳，而馬基維利倫理學則毫無倫理。我們已經提過，康德的倫理觀點極爲重視道德責任，甚至不允許人們說謊來挽救另一個人的生命。倫理絕對主義者總是說自己是根據自己的倫理行事，但最後卻導致令人遺憾的結果。負責的倫理主義者強調自己必須考慮行爲的結果；他很清楚自身的行爲構成一連串的原因，最後引發的結果有可能非常嚴重。信念倫理與責任倫理不是對立的兩極，相反地，兩者是互補的。韋伯認爲爲了負責，有時我們必須先擱置信念倫理。問題是沒有一個理論可以明確指出，何時可以擱置原則性的信念倫理的規範。韋伯寫道：

> 這個世界的倫理無法規避一個事實：那就是在絕大多數狀況下，以「善」為目的的成就往往必須使用在道德上可疑或至少在道德上有風險的手段才能達成，因此人們必須考慮使用這些手段可能造成的「惡」的副作用，有時甚至十有八九會產生不良的影響。這個世界也沒有任何倫理可以決定，在倫理上追求善的目的可以在何時，以及在多大程度上「神聖化」倫理上有危險的手段與副作用。[15]

一個人在做出這項決定時不可避免要運用自己的判斷力，因爲沒有任何倫理學理論可以明確告訴你，在什麼情況下必須把結果放在道德規則之前。這種韋伯式的觀點也許可以稱爲「弱結果主義」（weak consequentialism）。[16]一般的結果主義立場認爲，人應從事能得到最好結果的行爲；弱結果主義則認爲，在一般情況下應該遵循原則性的信念倫理，不過有時這麼做會得出令人無法接受的結果，此時就必須優先考慮結果而不是道德原則。

韋伯以追求眞實作爲主題，諷刺地提到原則性的信念倫理如何看待這個問題：

> 最後是符合真實的責任。對絕對原則的倫理來說，這是一種無條件的責任。因此，根據這項責任，所有文件都應該對外公開，特別是讓我們的國家承擔罪行的文件，以及根據這些文件產生的罪行自白——單方面地、無條件地、無視後果。政治家認為，這種做法的結果，非但無助於追尋真實，反而因為文件的誤用與文件公開引發的激昂情緒，而讓真實失焦。政治家的觀點是，唯一能產生成果的做法就是由超然於利益的人士進行有系統且全面的調查；除此之外，其他的做法只會對國家造成數十年難以彌補的傷害。然而，對於絕對主義倫理來說，「結果」根本不是他們在意的東西。[17]

韋伯指出，政治是一件髒活，想在政治領域負起責任，就必須願意弄髒自己的手。「弄髒雙手」在倫理上的弔詭在於，有時為了做正確的事，必須先做錯誤的事。以眞實與謊言來說，這表示雖然說謊是錯的，但政治環境逼得你不得不說謊。因此問題在於：何時可以說謊與何時應該說謊？簡單的回答是：盡可能不要說謊，除非誠實的結果將對國家帶來非常惡劣的影響。

幹練的政治人物很難不弄髒自己的手。全心全意遵守康德學說的人，總是依照定言令式生活，這樣的人會在許多情況下錯失運用手段實現重要政治目標的機會。如果你無法想像自己會打破任何道德規則，那麼你或許不應該參與高層政治。選擇政治生活的代價，就是你必然會在某個時候為了完成一件正確的事而必須採取不道德的行動。對韋伯來說，「負責任的」政治人物是那種在做出不道德行為的同時，內心卻也承受著不道德的重擔的人物。這與雙重標準不同，因為政治人物接受了道德對他的約束，但他為了更重要的理由而選擇違背道德。他有點像是悲劇人物。他知道說謊是錯的並承認這一點，而且說謊時也不好受，但他知道自己必須為了完成任務而堅持這麼做。在特殊情況下，例如國家長期遭受極大的危險，此時從事髒活可能要比一般情況來得常見，但這種事最好還是盡可能避免，只有在最嚴重的情況下才能爲之。

韋伯的責任倫理無法爲追求自身利益的謊言辯護。有些政治人物說謊，美其名是爲了國家利益，實際上卻是爲了謀求個人利益。這類政治人物說謊，要不是爲了避免公眾反對，藉此把持權力，就是爲了追求自己所屬政黨的利益。基於國家安全而不對外公布的機密，與其說是爲了阻止敵人取得資訊，不如說是不讓國內民眾得知內情。當有人試圖藏匿所謂的五角大廈文件*時，這些人不是爲了防止越共得知美國在越南的戰事進度，因爲越共早已知情，而是不讓美國民眾知道越戰的實情，以免影響民眾對戰爭的支持。因此，隱匿訊息的目的是不讓民眾得知事情的眞相，而這些訊息無疑是民主控制的對象。尼克森（Nixon）政府說的謊言絕對無法合乎韋伯提出的責任倫理的要求。

到目前爲止，我們討論的思想家提到的政治謊言都是特定的，某人說謊是爲了

*編註：Pentagon Papers，即〈美國－越南關係，1945-1967：國防部的研究〉（*The History of U.S. Decision-Making in Vietnam, 1945–1968*），是美國國防部對一九四五至一九六七年間美國在越南政治軍事捲入評估的祕密報告。

合理化某個特定的行動，例如開戰，或者是隱藏對政權不利的特定訊息。漢娜・鄂蘭（Hannah Arendt）相信自己看到了現代的新說謊形式，特別是納粹主義與共產主義這兩種類型。說得更確切一點，這種說謊形式不僅掩蓋了眞實，也消除了眞實與虛假的區別：「臨時編造的極權主義運動謊言，以及極權主義政權的各種虛構偽造，完全反映出極權主義的根本態度：泯滅真實與虛假之間的界線。」[18]此外，鄂蘭也贊同亞歷山大・夸黑*的評論，夸黑在一九四五年的一篇文章中寫道，現代人在極權主義社會裡：「沐浴在謊言中，呼吸著謊言，他的存在每分每秒都受制於謊言」。[19]夸黑又說：「極權主義政權『把謊言視為首要之務』」。我們可以說，極權主義謊言的特點就在於說謊輕而易舉，完全不費力氣。在極權主義的心態中，說謊根本不構成問題。這種情況已經不是雙重標準所能形容，道德在此蕩然無存。

鄂蘭強調，傳統謊言想隱匿眞實，但現代謊言針對的卻是每個人都熟知的事實；當著經歷過整個事件的人的面，將故事予以改寫。[20]這不是掩蓋現實，而是消滅現實，讓現實再也無法與謊言對證。傳統的政治謊言試圖贏得辯論或掩蓋某些事實，藉此破壞眞實；現代的政治謊言則試圖取代現實本身。[21]鄂蘭認爲集中營就是個明顯的例子，顯示極權主義政權如何制訂規則與建構現實使其「成爲」眞實。[22]在奧斯威辛（Auschwitz）發現的一本無名日記，裡面的一句話充分表達了這一點：「我們不再是人，我們也沒有變成動物；我們只是被德國生產出來的某種精神肉體產物。」[23]集中營裡的非人化過程，目的是爲了顯示猶太人是尚未充分發展的人類。舉例來說，讓犯人生活在自己的屎尿堆裡——在貝爾根－貝爾森（Bergen-Belsen），三萬名女性共用一間廁所——這樣他們的外表就跟屎尿沒什麼不同。這些犯人被迫變成了現實，他們成了納粹政權宣傳的證據。

極權主義想出了一個激進的觀念，這個觀念仍以傳統的眞實概念爲基礎，認爲眞實是一種心靈與現實相互符合的狀態：如果我們可以製造現實，我們就能製造眞實！心靈不再試圖掌握現實，而是自行製造現實。換言之，我們不需要「等待現實脫下面紗，向我們顯示它的廬山真面目，相反地，我們可以生產一個現實，我們從一

* 編註：Alexandre Koyré，法國科學哲學家與科學史學家，爲在近代史研究中第一個提出「科學革命」（Scientific revolution）概念的學者。

開始就很清楚這個現實的結構是什麼，因為這個現實從頭到尾都是我們的產品」。[24] 現代說謊者不再是思想家，而是「創造者」，他開啟了行動，使政治人物的話語在還沒成眞之前就「成爲」眞實。

如果你能以這種方式控制「現實」，你便能控制生活在這種現實裡的人。鄂蘭寫道：

> 極權主義或獨裁體制之所以能進行統治，是因為民眾沒有充足的資訊；如果沒有充足的資訊，如何產生意見？如果每個人都對你說謊，那麼結果不是你相信謊言，而是所有的人都不相信任何事。這是因為謊言基於自身的性質，必須持續地改變，而說謊的政府也必須持續改寫自身的歷史。站在接受端的你，聽到的不只是一個謊言——你可以靠著這個謊言過完下半輩子——而是一大堆謊言，政治風向怎麼吹，謊言就會有不同的變化。無法相信任何事的民眾，也無法做出任何決定。民眾不僅被剝奪行動的能力，也被剝奪思考與判斷的能力。面對這樣的民眾，你可以隨心所欲地進行統治。[25]

一個「每個人都在說謊」的社會，乍聽之下難以想像，但鄂蘭的誇大說法主要是爲了顯示，在這種社會裡，說謊極爲普遍，導致所有事都變得不可信任。在這個社會裡的人，完全搞不清楚現實是什麼。

極權主義破壞了社會空間，使得私人與公共空間變得毫無區別。鄂蘭形容這種現象是一種「有組織的孤獨」（organized loneliness）。[26]我們可以從信任與人際關係上，看出民主社會與極權主義（或威權體制）社會的明顯差異。亞里斯多德其實早已提出類似的觀點，他認爲，在僭主體制下，友誼的可能範圍很小；在民主體制下，友誼則有更多空間發展。[27]在一個充滿謊言的社會裡，人們幾乎不可能相信任何事。想發揮公民的功能，需要「像我這種願意信任別人也值得信任的人」。[28]

在極權主義社會裡，每個人都被迫說謊——領導人如果想維持權力，就必須對民眾說謊，民眾也必須謊稱自己相信領導人的謊言。只要意見與政治領導人不同，無論意見本身是否涉及事實或價值，都不會只被當成「另一種」意見，而是「錯誤」且「危險」的意見，被認定爲足以破壞整個社會結構的威脅。我們可以說，整個社會在此情況下已經變成一個巨大的同溫層。提出不同意見的人必定會遭到懲罰，不是遭到囚禁或送進精神病院，就是被判處強制勞動或死刑；這麼做是為了向其餘民眾釋放清楚的訊息：「真實」只有一個，如果你不想被當成說謊者或人民公敵，那麼最好乖乖聽話。如果想成為社群的一分子，那麼你必須謊稱自己相信這些謊言。同樣的現象也出現在一些神祕教派中，只是規模較小，這類異議分子遭受的懲罰通常是排擠或驅逐。

在自由民主制度的公共領域也可以看到類似現象，許多人為了讓自己更受歡迎而發表違心之論。社會壓力無疑具有積極面向，可以約束公眾行為，但也會形成另一種社會力量，讓一些人成為人云亦云的說謊者。為了成為社會群體的一分子，人們會公開表達與內心想法不同的意見，因為他們相信這麼做可以讓他們被社會接納。這是一種常見的現象，就像青少年自稱是某個歌手的粉絲，但其實只是因為他們的朋友與同學都喜歡這位歌手，他們真正喜歡的是另一種類型的音樂。當這種動態關係發生在政治世界而非審美世界時，情況會變得更嚴重，因為它會讓人們更不願與眾不同。民主制度需要摩擦。自由民主制度的一項重要義務，就是促進公共領域對話，對話如果進展得過於平順，就表示對話並未處於最佳狀態。對民主制度來說，太多人太常達成相同的意見絕對不是一件好事。這種群體動態關係帶有自我加強的傾向，會進一步限縮信念與陳述的正當性。在自由民主制度下，法治與基本權利是保障民眾擁有言論自由空間的最重要工具，但面對社會壓力，法治也會力有未逮。公民社會及其內部的各種團體可以進行自我監督與自我約束。所以，身為公民社會的一分子，你必須引進其他觀點來協助打破這個純淨的螺旋。你有責任說眞話，不僅對自己如此，對他人也是如此。首先，假意順從就是自我心態不成熟的典型例子；其次，假意順從也會強化社會壓力，使其他人也跟著假意順從。這種說謊形式看似無害，卻無疑將損害自由民主制度。

哈里．富蘭克福寫道，民主制度特別容易出現鬼扯言論，因為「一般相信，在民主制度下，民眾有責任對所有事情發表意見，或至少對與國家事務有關的事情發表意見」。[29]我不同意富蘭克福的說法，至少我認為國家領導人鬼扯要比一般民眾鬼扯來得糟糕，而極權主義與威權主義政權顯然比民主制度更能製造出更鬼扯的言論。民主的好處在於國家領導人必須對人民負責，信口開河的結果，最終受傷的還是自己。相反地，獨裁者不需對人民負責——除非革命即將爆發——「眞實」是什麼，他說了算。

唯一能夠對抗謊言的就只有眞實。眞實可以抵抗政治。漢娜・鄂蘭寫道，眞實因此「遭受暴君的痛恨，他們無法壟斷這股強制力量，也害怕與這股強制力量競爭」。[30]眞實是弱者最重要的武器。但眞實並非簡單之物，眞實也有可能成爲強者的武器，而弱者只能以說謊來加以對抗。舉例來說，政府擁有龐大的資源，可以將對手不堪的事實一一揭露，而異議分子只能說謊來隱藏自己的祕密。這些祕密可能涉及一個人的私生活，雖然與政治無關，但這些祕密仍有可能讓他失去信任，使他喪失政治影響力；這些祕密可能包括不尋常的性偏好或文化上無法容忍的不貞行爲。從極權主義的觀點來看，這些資訊是眞是假並不重要，因爲在極權主義體制下，你可以隨心所欲地創造眞實。

異議人士還是可以主張眞實確實存在，即使這些眞實可能令他們感到不適。採取現實主義的眞實概念有一個好處，那就是光憑現實本身，就足以支持我們談論現實，並反駁其他說法。這表示我們可以正當地主張某些觀點是眞實的，而不用考慮抱持不同觀點的人手中握有多少權力，無論這些人是獨裁者還是民主多數。換言之，我們擁有一個用來判斷觀點的標準，而且這個標準毋需屈從於外在力量。這是爲什麼對極權主義政權來說，打壓對眞實的追求如此重要。一旦沒有眞實，正確與否只能任由權力決定。

現代政治的謊言

回顧政治史，人類從未缺少過馬基維利式、霍布斯式與韋伯式的謊言。即使是最誠實的政治人物也免不了有說謊的時候。美國總統就是明顯的例子。[31]有幾個美國總統努力做到符合眞實，最明顯的例子或許是吉米・卡特（Jimmy Carter），他在參選時承諾，他「永遠不會說謊」。値得一提的是卡特不是一個成功的總統，而且只擔任一屆總統。卡特的確試圖信守承諾，而他的努力偶爾也爲他帶來不少麻煩，但他最終還是無法做到完全不說謊。卡特的新聞發言人喬迪・鮑威爾（Jody Powell）

曾經發言爲有限的謊言辯護：「從第一天第一位記者向政府官員提出第一個艱難的問題開始，人們就開始爭論政府到底有沒有權利說謊。我的答案是，有的。在某些狀況下，政府不僅有權利說謊，政府還有積極的義務去說謊。我在白宮的四年期間，我曾經兩次遇到這種狀況。」[32]其中一次是爲了避免無辜的民眾遭受痛苦與困窘，另一次則與解救伊朗美國人質的軍事計畫有關。鮑威爾不是一個習慣說謊的人，他的老闆也不是。卡特或許就是因爲太多的道德主義色彩與太少的現實主義觀點，才無法成爲一個成功的總統。他的繼任者對眞實則比他有彈性得多。舉例來說，布希政府無疑說了謊來合理化伊拉克入侵行動。[33]布希政府宣稱，有堅強的證據指出，薩達姆・海珊是奧薩瑪・賓・拉登（Osama bin Laden）的親密盟友，而伊拉克無疑擁有大規模毀滅性武器。這不是眞的，而布希政府也知道這不是眞的。布希政府也許相信薩達姆曾經擁有大規模毀滅性武器，或至少他即將擁有大規模毀滅性武器，但布希政府知道自己沒有堅實的證據可以提出這項主張，這表示布希政府宣稱知道伊拉克擁有大規模毀滅性武器其實是個謊言。而薩達姆與奧薩瑪之間的連繫也純屬幻想。

布希政府在入侵伊拉克前說的謊言之所以特殊，在於他們欺騙的對象不只針對美國民眾，也包括各國領導人。美國政治學家約翰・米爾斯海默（John J. Mearsheimer）指出，各國領導人與外交官很少相互欺騙。[34]他起初不相信這種說法，但在進行深入研究之後，他改變了自己的觀點。米爾斯海默坦承，各國領導人確實有彼此欺騙的例子，但這通常是例外，而非原則。要欺騙其他國家領導人是很困難的事，因爲各國領導人通常擁有豐富的消息來源，就算沒有，他們也會想辦法取得。國與國之間通常少有信任可言，因此除非有完整的文件支持，否則任何主張都不會獲得信任，當兩國不是盟邦時更是如此。「信任，但要核實。」（Trust, but verify.）人們經常認爲這句話出自隆納・雷根（Ronald Reagan），然而實際上這是俄羅斯的古老諺語「Doveryai, no proveryai.」。雷根是在與米哈伊爾・戈巴契夫（Mikhail Gorbachev）會談時說了這句諺語，有人給他提了建議，讓他學習一些俄羅斯諺語，好讓他在協商期間創造良好氣氛。雷根很喜歡這句諺語，因此他時常掛在嘴邊，搞到最後連戈巴契夫都聽煩了。事實上，如果每個主張都必須核實，那麼也就表示雙方毫無信任可言。

如果一國的領導人喜歡說謊，那麼未來的合作將很難推動，因爲沒有人願意跟自己不信任的人達成協議。事實上，亨利・季辛吉（Henry Kissinger）反對在政治協商時進行欺騙，[35]理由是你必須與同一批人反覆來往交流，即使這次能成功欺騙對方，但你將因此破壞雙方的關係，日後的協商將變得難以達成。然而必須說明，季辛吉本人對於眞實有一套非常具彈性的看法，而彈性一詞還只是委婉的說法。沒有人相信季辛吉會堅決誠實。史達林至少還誠實地說，在外交領域，誠實一無是處，它就像「乾水」（dry water）一樣，不可能存在。

國家領導人不僅會對敵對國家領導人說謊，在利益驅使下，他們甚至也會對友好國家或盟邦領導人說謊。舉例來說，以色列在核武計畫上同時對友邦（如美國）與敵國說謊。以色列官方從未證實擁有核武，然而以色列擁有核武早已是國際安全政治上一個眾所皆知的祕密。各國領導人彼此說謊時，要不是誇大自身的軍事能力來進行威嚇，就是低調展示自己的軍事能力，好讓自己在進行擴軍時不受外力干涉。靠著說謊來執行國家政策，長期而言對國家反而有害。蘇聯成功讓美國相信，蘇聯擁有比實際上來得多的巡弋飛彈數量。蘇聯的問題在於，如果依照蘇聯吹噓的武器數量來看，那麼蘇聯的軍事資源將會龐大得令人憂心，而這也導致美國開始升級軍備競賽。蘇聯爲了跟進，不得不投入高於預期的軍事資源。最終，軍備競賽拖垮了蘇聯財政。蘇聯爲了確保國家持續存在而撒的謊，最後反而導致自身的毀滅。另一個例子是希臘爲了加入歐元區而在貿易赤字上說謊。加入歐元區的條件之一，是希臘的貿易赤字必須低於百分之三，然而希臘的實際赤字顯然高出許多。希臘否認說謊，表示是國家帳戶出現錯誤才導致資訊不實。無論如何，希臘提供錯誤的公共財政資訊是不爭的事實，而希臘也因此在二〇〇八年金融危機以及往後數年遭受重創。

另一方面，米爾斯海默強調，國家領導人在外交政策上更容易對「自己的」民眾說謊。國家領導人也許有最好的動機對自己的國民說謊——例如小羅斯福（Franklin D. Roosevelt）對美國民眾說謊以確保美國能參與第二次世界大戰。小羅斯福有充分的理由擔心，美國若不參戰，德國很可能順利占領整個歐洲，他因此宣稱，德軍於一九四一年九月攻擊了美國驅逐艦格里爾號（USS *Greer*）。小羅斯福有最好的意圖，而結果也是好的。但我們依然可以質疑這樣的謊言是否可接受。從功利主義的觀點來看，這麼做無疑是可接受的，但也有人認爲，美國民眾有權不被欺瞞，而小羅斯福侵犯了人民的權利。

米爾斯海默表示，外交政策的謊言如果帶來好的結果或至少沒那麼糟糕，那麼通常會獲得民眾的諒解，或甚至得到民眾的讚揚，但國內政策的謊言則往往招致嚴重的責難。米爾斯海默解釋其中的差異，認爲國家領導人最重要的任務是確保國家能夠生存。在外交政策上，每個國家都處於類似霍布斯所說的「所有人對所有人的戰爭」*的狀態，國家如果遭遇麻煩，往往找不到全球警察來維持秩序。個別國家因此必須訴諸必要的手段，包括謊言與欺騙，來確保自身的生存。國內政策與外交政策不同，民眾是向國家尋求保護，因此國內政策的說謊與欺騙無法以外交政策的理由來合理化。米爾斯海默並未提及一個簡單的理由，那就是在外交政策上，是「我們對抗他們」，而在國內政策上，則更像是「我們對抗國家」。

政治謊言還有一個重要類型，那就是國家創建者的神話，藉由訴諸英雄的過去，所有的缺失——甚至包括種族滅絕——都可以被洗刷乾淨。這些謊言可以說是柏拉圖「高貴的謊言」的變形。每個國家都會在一定程度上運用「創造性的」歷史書寫，因爲每個國家都想藉由強化民族自尊來促進統一。有些國家採取的做法更爲極端。舉例來說，俄國在普丁主政期間，採取了相當激烈的手段來美化蘇聯在第二次世界大戰期間的所作所爲，好讓俄羅斯能運用這段歷史來鞏固整個國家。這種歷史書寫方式在多民族社會特別容易產生問題，因爲在這種社會裡，往往存在著嚴重的族群衝突。在波士尼亞的學校裡，學生依據他們是「波士尼亞人」、「塞爾維亞人」或「克羅埃西亞人」而分別擁有不同的「國家議題」課程大綱，裡面對於一九九〇年代的南斯拉夫內戰各自有著不同描述。這種做法只會延長族群間的衝突。許多國家都對國家創建的謊言抱持肯定的態度，因爲民眾想聽這樣的謊言。

我們國家的謊言，其他國家的民眾是否相信，其實並不是那麼重要。政府有時會向其他國家抗議，認爲他們醜化了本國的形象，政府這麼做主要是爲了說服自己的民眾，而非國外的民眾。如果有人能成功讓他國人民相信自己國家的謊言，那只能說是一種錦上添花，因爲這不是自己國家的謊言預期得到的好處，理由很

*編註：Bellum omnium contra omnes，霍布斯以此提出人在自然狀態下的存在樣態。

簡單，他國人民不像本國人民一樣有誘因相信自己國家的謊言。你總是會遇到幾個願意相信這些謊言的外國人，就像絕大多數國家總是會有幾個熱心人士願意相信北韓的政治宣傳，不過這些人畢竟是少數中的少數。例外一直都存在，對國家歌功頌德的描寫有時也會廣泛地獲得外國人民的歡迎。例如查維茲（Chávez）政權宣傳的委內瑞拉「玻利瓦爾革命」（Bolivarian Revolution）。即使如此，眞正重要的還是國內群眾是否相信這些謊言。對絕大多數政治人物來說，這些謊言造成的風險很小。相較之下，民眾對於試圖掩蓋無能、腐敗或其他犯罪行爲的說謊者就沒那麼寬容，例如尼克森的水門案醜聞（Watergate scandal）。

無論是否心存良善，政治人物都無法擺脫權力帶來的腐敗。我們怎麼能相信對我們說謊的人的意圖？這些說謊者說服自己相信他們擁有最良善的意圖，然而不難想像，他們的內心一定存在著極爲可疑的動機。就算我們願意相信他們的動機，我們又怎麼能相信他們的判斷？當政府說謊時，民眾幾乎喪失了抗議的機會，也無法獲得充分的資訊來支持政策。說謊根本上與民主的本質衝突。如果是惡意的謊言，自然沒什麼好討論的；如果是善意的謊言，例如我是爲你好才對你說謊，也不代表造成的問題會比較輕微。利他主義的謊言是一種家長主義（paternalism）的謊言，這種謊言在政治領域十分常見，例如政府會基於人民的最佳利益對人民說謊。家長主義者認爲民眾就像孩子一樣無法做出合理的選擇。對自己的人民說政治謊言，這種行爲無法與眞正的民主相容，因爲它剝奪了人民自由選擇的機會，而人民能夠選擇的前提是必須擁有充分的資訊。對人民說謊，或多或少就像是在逼他們就範。

說謊與民主的觀念不相容，但說謊也是民主現實中一個不可避免的現象。自由民主制度以批評爲基礎，所有人民都有權利表達自己的意見，發表對社會如何發展與何者不該採行的看法，自由民主制度的運行也以民眾能夠取得可驗證的資訊爲前提。美國哲學家約翰・羅爾斯（John Rawls）提出的公共理性（public reason）原則，認爲政府當局不應該推動他們沒有能力或不願意在人民面前公開進行辯護的政策。[36]現代民主理論的基本原則是，政體（political bodies）必須盡可能公開自己的思考過程。如果人民不清楚政策的內容，也不瞭解推動該項政策的原因，人民就不可能要求政府當局爲自己推動的政策負責。因此，祕密與民主制度是有衝突的。不過，基於國家安全、隱私等理由，有些資訊不可避免不能對外公開。儘管如此，祕密終究與說謊不同。保密的需要是否也能用來正當化說謊？

政府或公共權威是否總是能正當化自己對民眾說謊的行爲？英國哲學家格倫・紐威（Glen Newey）討論這個問題時將論點延伸到了極致，他甚至主張，在某些情況下，民主國家的人民有讓政府對他們說謊的「權利」。[37]紐威認爲，如果政府有責任施行一項措施，而這項措施只有在政府藉由說謊讓民眾產生錯誤印象時才得以施行，那麼政府就有責任說謊，而民眾則有讓政府對他們說謊的權利。紐威進一步表示，在特定情況下，例如當國家安全遭受危難之際，民眾會被視爲已預先同意讓政府對他們說謊。光從論證本身來看，紐威的說法有點似是而非。如果我要求你對我說謊，那麼就表示我放棄了不讓別人對我說謊的權利。如果你對我負有責任，而你只能透過對我說謊來履行這個責任，那麼對我說謊就成了你的責任。當然，這裡會出現一個問題：我們同意你應該說謊，但與此同時，我也不會相信你。同樣的邏輯可套用在國家上：如果人民接受國家對他們說謊（因爲人民要求國家這麼做），那人民對國家的信任將隨之降低，此時就算國家說謊，也沒有人會相信。另一個問題是，人民從未同意讓國家對他們說謊。我很難想像有任何國家會針對國家是否有權對人民說謊舉行公投。其次，這種政策需要民眾格外信任國家，他們相信國家只會在特殊的情況對他們說謊，因此他們可以接受國家有權對他們說謊。但是，民眾如何知道政府只會在國家安全遭受威脅時對他們說謊？如果回顧現代美國政壇上曝光的各種謊言，其中最著名的有水門案、伊朗門事件（Iran-Contra affair）、入侵伊拉克，我們會發現這些謊言絕大多數都是掌權者爲了自身利益而非爲了國家利益而編織出來的。此外，「國家利益」一詞實在太有彈性，幾乎什麼東西都能容納進去。

川普——自由民主制度下的極權主義說謊者

談到說謊與政治，很難不提到唐納・川普。[38]所有的美國總統都說過謊。雷根就曾提出許多虛假的主張，但與川普相比簡直小巫見大巫。在說謊這件事上，川普遠遠超過前幾任的美國總統。過去的美國總統頂多是對特定議題說了策略性的謊言，但川普卻是什麼謊都說，從最瑣細的小事，到最重大的國家安全與公共衛生議題，他都能說假話。特別的是，川普很喜歡信口開河，例如他連總統就職典禮的參加人數都能亂說。這種對現實的蔑視，我們只能在極權主義政權裡看到。身爲總統，川普在自由民主制度架構下說著極權主義的謊言，他赤裸裸地違反自由民主的遊戲規則，導致他的政治對手與新聞媒體評論者看了都啞口無言。

川普並非唯一的例子。如果我們用委婉的方式來說，那麼普丁（Putin）與眞實也維持著十分鬆散的關係，而且會毫不猶豫地否認明顯屬實的內容。二〇一四年七月十七日，一架馬來西亞航空客機在烏克蘭上空遭俄羅斯擊落，機上二百九十八人全部罹難，而普丁矢口否認是俄國幹的。我們不會說普丁比川普更尊重眞實，但相較於川普，普丁可以輕鬆地說謊而不用被究責，因爲他已經成功剷除俄國所有批判他的新聞媒體。川普也想擺脫新聞媒體的批判，他曾說這些新聞媒體是美國人民的大敵，但他無法順利除掉他們。《華盛頓郵報》（*Washington Post*）在川普擔任總統期間持續追蹤川普的說謊次數，根據《華盛頓郵報》的統計，川普曾經發表過三萬則極度誤導的主張。而這還只是他在公共場合說謊的次數，不包括他私底下或關起門來說的謊言。

當然，一項主張要偏離事實到什麼程度才算是不眞實或可能會造成誤導，這是詮釋的問題，但若說沒有任何美國總統比川普更愛說謊，應該毫無爭議。然而嚴格來說，我們也不能百分之百確定川普是在說謊。我們只看到川普以驚人的速度持續進行虛假的陳述，如果我們要確定川普是在說謊，還是發表似是而非的言論，或只是鬼扯，仍需考察川普說話時的心態，然而我們無法做到這點，只能透過川普說的話或採取的行動，間接判斷他是否在說謊。

川普說話不喜歡拐彎抹角，他不懂得傳統政治辭令，也不知道爲了避免說謊可以透過扭曲事實來規避說出事實，然而這正是川普身爲政治人物的力量所在。二〇一六年美國總統大選期間，我正好在維吉尼亞州一所大學擔任客座教授，每次我都要搭三個小時的車從華府前往大學上課。當時共和黨尙未決定候選人，但幾個民調顯示，川普表現得很不錯。我理所當然地認爲川普不可能成爲共和黨的總統候選人，更無法想像川普將成爲下一任美國總統。然而，就在我搭車前往大學途中，我開始改變想法。我的司機是個普通而且和善的人，他的兄弟在大學所在城市擔任警察首長，司機告訴我，他支持川普。我感到驚訝，因爲在此之前我從未遇到任何人，或至少從未遇到過任何腦袋清楚的人會認爲川普是個理想的總統人選。我的司機毫無疑問腦袋相當清楚，他選擇川普的最重要原因是「川普說話直接！」與其他候選人相比，川普的優勢在於他有話直說。至於其他候選人，無論是共和黨還是民主黨，似乎都不那麼值得信任。我雖然也認爲其他候選人不值得信任，但他們不值得信任的程度遠遠比不上川普，然而我的司機卻有不同的看法。由於川普看起來是個有話直說的人，因此在一群腐敗的政治人物當中，他看起來更像是個會說眞話的人。

認爲川普能夠成爲一個好總統並因此支持他的人，在人數上始終多於認爲川普不可信任的人。其中一項原因可能是民眾不認爲誠實是擔任總統最重要的條件，畢竟在民眾眼中，所有政治人物都不誠實，因此應該還有其他因素影響他們支持川普。在美國，民眾對大眾媒體的信任程度逐年下降，其中共和黨的選民尤其不信任大眾媒體。在這種氣候下，民眾雖然認爲川普政府不值得信任，卻也不會完全接受大眾媒體的說法。

在美國，最具代表性的總統，往往是那些因爲誠實正直而廣受讚揚的總統。其中最早的故事來自幼年時期的華盛頓，他砍斷了櫻桃樹，卻不願說謊隱瞞自己過錯。然而諷刺的是，這則故事本身就是個謊言。這是華盛頓早期的傳記作家梅森・洛克・威姆斯（Mason Locke Weems）捏造的故事，因爲他覺得這有助於表達他對華盛頓的敬意。事實上，就連這則軼事也是抄襲來的，它剽竊自蘇格蘭作家與哲學家詹姆斯・畢提（James Beattie）的作品《吟遊詩人》（*The Minstrel*）。無論如何，誠實一直被視爲美德，而沒有任何美國總統像川普一樣完全跟誠實沾不上邊。

當雷根終於承認自己涉入伊朗門醜聞時，他做出了以下陳述：「我告訴美國民眾，我沒有以武器交換人質。我的內心與我最大的善意告訴我，這是眞的，但事實與證據卻告訴我，這不是眞的。」事實與雷根個人的「感受」明顯矛盾，之後的川普也出現同樣的狀況，但雷根至少承認事實確實存在，而事實顯然與個人感受是兩回事。因此，雷根還能區別眞實與似是而非有何不同。到了川普主政時期，眞實與似是而非的差異完全消失。川普不承認世上存在獨立的現實，可以用來反駁他隨時提出的主張。一般人在自己的說法被證明不是眞的的時候，他們會坦承自己可能有錯，正常的狀況下，他們還會爲自己想個理由，但川普不同，他會繼續重複自己的主張，似乎完全不受事實對他的指正影響。川普重視自己的主張更甚於事實，他不會因爲自己的主張與現實牴觸而更改自己的主張。

如果川普發現自己說的話不眞實，他不會試圖證明自己的陳述爲眞，相反地，他的策略是宣稱——通常不會提出任何佐證——批評他的人不可信，因此暗示這個人提出的批評也不可信，所以不用認眞看待這個人的批評。我們可以說，川普的策略不是提升自己的可信度，而是反過來破壞批評者的可信度。如果沒有人是可信的，你當然可以像相信《華盛頓郵報》一樣地相信川普。

川普似乎是所謂「後眞實」（post-truth）的化身。《牛津字典》選擇「後眞實」作爲二〇一六年的年度詞彙，這個詞的意思是：訴諸個人情感與信念要比客觀事實更能影響公共輿論。還有一種詮釋認爲，後眞實是指我們的語言、判斷與主張並未指涉我們稱之爲事實或現實的事物。無論要定義「事實」還是「現實」都不是件容易的事。我個人喜歡美國科幻小說家菲利普・狄克（Philip K. Dick）對現實下的定義。他說：現實是即使你停止相信，它依然會繼續存在的東西。這個定義提到了一個關鍵：現實不受我們的觀點影響，因此現實可以用來糾正我們的觀點。如果我們提出的主張缺乏現實的糾正，那麼我們的語言將不過是一種策略賽局。我們將沒有任何標準來評價各種不同的故事。如果我們放棄眞實，轉而擁抱後眞實，那麼說謊也將變得毫無意義。如果我們認爲說謊的意思是提出一個與自己內心想法不同的主張，那麼這種說法成立的前提是人們必須相信事物眞的「存在」。然而，後眞實特別反對事物眞的「存在」，並且主張實際上只有語言表達持續進行著策略性的運作。

我們傾向於吸收與我們的價值觀相同的資訊來源，並且漠視與我們的價值觀不同的資訊來源。在特定的例子中，根據科學有效性的標準，有時我們其實有充分的理由相信後者，卻依然會堅持無視後者。我們還沒有開放到能夠接受與我們的信念相左的有價值資訊。然而，我們也可以試著將我們的注意力放在更廣泛的資訊上，藉此來糾正我們的確認偏誤（confirmation bias）。在眞實仍具權威性的世界裡，我們同意我們「相信」爲眞的事物與「實際」爲眞的事物之間的區別，我們因此仍然可以以現實來糾正我們的確認偏誤，但在後眞實的世界裡，確認偏誤卻有著無窮的迴旋空間。

根據皮尤研究中心（Pew Research Center）的調查，二〇一六年的美國總統大選，百分之七十六的民主黨選民宣稱他們在基本事實上無法同意共和黨選民的看法，反觀共和黨選民也有百分之八十一抱持相同的意見。[39]從兩黨選民的觀點可以看出，這不只是對於最佳政治決定有著不相容的價值觀或看法而已，雙方甚至對於基本的事實也存在難以化解的歧見。價值觀的兩極化導致事實的兩極化。這項調查顯示事實與價值觀如何彼此影響，儘管兩者之間存在著邏輯上的區別。一個人的價值觀會影響他們對相關事實的認定，而他們認定的事實也會反過來影響一個人的價值觀。這不僅塑造了群體的價值觀，也塑造了群體的事實。你還願意相信 CNN 或福斯新聞（Fox News）嗎？

人們可能會想，查閱資料就可以解決對事實的歧見，但事情沒有那麼簡單。很多時候對事實的認定有爭議，可以透過簡單的方法來解決，譬如你跟我對於黃金的原子量，或黃金會不會生鏽有不同看法，我們只要查詢可信的資料來源，問題馬上就解決了。然而當牽扯到價值觀的爭議時，事情就立刻變得複雜，因為在這裡，專家的知識不會馬上獲得認可。雖然事實與價值觀在邏輯上有著清楚的區別，你無法從價值觀推導出事實，也無法從事實推導出價值觀，但實際上事實與價值觀卻彼此影響，因爲一個人的價值觀會影響他如何認定相關事實，而如何看待事實，又會反過來影響一個人的價值觀。

要對事實與價值觀以及對事實與價值觀之間的連結進行理性討論並不是不可能。然而，當價值觀開始否定事實時，問題便開始浮現，價值觀會讓人無法接受與他們的信念悖反的事實。簡言之，問題出在價值觀不僅能輕易影響事實，也能輕易否定事實。重點不在於政治人物會「創造」對他們有利的事實——即使他們經常這麼做，特別是川普——而在於政治人物會選擇性地使用事實，他們的做法就跟欺騙或說謊沒什麼兩樣。

在這種兩極化的世界裡，你不可能與信念不同的人達成大致合理的看法，因爲他們是敵人。我們將同溫層提升到了社會層次。川普念念不忘的美墨邊境高牆，實際上也橫亙在美國民眾之間。正是這堵「高牆」，使川普能夠一邊念叨著一眼就能看穿的謊言，一邊又能橫行無阻。然而，儘管川普政府熱切地擁抱後眞實，但他的絕大多數支持者並非如此。絕大多數人仍舊在乎什麼是眞實、什麼是虛假，他們並不認爲語言只是一種可以讓人取得優勢的策略賽局工具。川普的支持者似乎存在著某種形式的自欺，他們選擇相信川普是因爲他們「想」相信川普。外在世界看來，川普做了許多不可信任的事，但他們卻視而不見。

我們已經提過，我們無法確定川普的虛假應歸類爲謊言、鬼扯還是似是而非，但我們至少可以確定，他處理眞實的方式不屬於韋伯的責任倫理，而是馬基維利的現實政治。此外，川普的言行也與自由民主制度的運行格格不入。

6 與說謊共存

說眞話不需要理由，但說謊卻需要。[1] 如果說眞話能讓人心想事成，那麼我們當然很願意說眞話；然而如果說眞話會帶來麻煩，那麼我們就有了說謊的理由。

這種不對稱的狀況不僅會影響說話者，也會影響聆聽者。你需要理由來認定某人是否說謊。原則上你會認定每個人說的都是眞話。由於絕大多數人都會說眞話，因此你的認定通常是對的。原則上你會持續這麼認定，但有時你會發現有些事確實會讓你感到懷疑或不信任。舉例來說，你可能很在意我過去喜歡說謊，你擔心如果相信我，我會占你便宜，如果我說的話跟實際不符，我將會帶來許多麻煩。這些懷疑看似難以置信，因爲這與你平日的想法不符。無論如何，你需要「理由」相信我在說謊。

丹麥哲學家與神學家洛格斯特魯普（K.E. Løgstrup）在《倫理的要求》（*The*

Ethical Demand）中寫道：

> 一般來說，我們總是帶著自然的信任與他人來往，這是人類生活的基本特徵。我們不僅對熟識的人如此，對完全陌生的人也是如此。只有在一些特殊情況下，我們才會預先對陌生人存有不信任的心態……我們一開始都會相信彼此說的話；我們一開始都會信任彼此。這聽起來有點奇怪，但人性就是如此。沒有信任，人類生活幾乎不可能存在。沒有信任，我們不可能維持生活，如果我們一開始就不信任彼此，如果我們一開始就懷疑對方偷竊與說謊，我們的生活將遭到破壞而且將無以為繼。[2]

如洛格斯特魯普所言，這種信任是人之所以爲人的基本條件。我們並非從一開始就「決定」相信人——我們就是願意相信人。信任一開始就存在，它是既定的，你需要理由才能用不信任取代信任。

當我們更理性地思考自己是否該信任他人時，我們發現，在許多情況下，相信一個不說謊的人根本不是問題；尤其當雙方以互利爲基礎時，更是願意誠實對待彼此，因爲雙方共同合作，彼此都必須仰賴對方順利完成工作才能獲利。當陌生人無法從不誠實中獲利時，我們也有充分的理由信任他們。然而，有些情況也會讓我們有理由起疑。德國哲學家與社會學家格奧爾格·齊美爾（Georg Simmel）指出，信任很少是絕對的——我們對人的信任通常帶有「程度之分」。[3]我相信你沒有說謊，但不表示我必須相信你句句屬實。以高度專業的問題來說，例如在全球疫情期間評估流行病學資料，如果你缺乏相關的專業知識，那麼即使你很誠懇，我也沒理由相信你的推測。

我們的知識絕大多數都以信任爲基礎。每個人都需要仰賴他人提供資訊，例如新聞記者、專家等等。而這些人也必須信任其他人，就像專家必須信任其他專家對彼此進行評估。我們個人無法保證那些理應說眞話的人實際上眞的說了眞話——除非我們擁有跟他們一樣的知識，然而如果我們眞的擁有跟他們一樣的知識，我們也就不需要他們了——所以我們必須信任其他權威告訴我們哪些權威可以信任。從這個意義來看，我們以爲自己知道很多事，但其實這些事都是以信仰爲基礎，我們只是選擇相信某些事，而不相信另一些事。沒有人可以做到從頭到尾憑藉一己之力來決定什麼事情是眞的。我們不可避免必須仰賴權威。問題是：哪個權威？

深思熟慮的信任與天眞的信任，兩者的不同之處在於前者考慮到可能出現的反觀點（counter-perceptions），亦即，懷疑對方可能不知道自己在說什麼或甚至不知道自己在說謊。然而，要做出這樣的假定，人們必須找到一個理由，而這個理由很少在我們日常生活的瑣碎互動中出現。事實上，我們根本不需要尋找這樣的理由，只要適當地假定對方說的是眞話就行了。這麼做可以減少我們與他人來往的交易成本，我們也不需要提出各種保證，使互動的過程變得複雜。人們彼此信任，可以無所顧忌地從事社交活動，如果是在不信任的氣氛下，這種狀況不可能出現。齊美爾表示，人與人之間少了相互信任，社會將會解體。[4]齊美爾又說，信任是「社會內部最重要的整合力量」。[5]一個缺乏互信的社會，無法成爲一個眞正的社會，這樣的社會將只是孤立個人的集合，人與人之間總是相互提防。符合眞實是文明的先決條件。不尊重眞實，我們就沒有理由信任彼此，沒有互信，文明將會日漸衰頹。如果我們不相信人與人之間能夠傳達可靠的資訊，我們就無法與彼此溝通，互動時也將充滿風險。信任是以信仰爲基礎，人因爲心存信仰，才能面對各種的不確定而仍願意與人進行互動。一旦信任遭到侵蝕，整個社會將只剩下孤立的群體與個人。

只需要基本的信任，我們就能彼此溝通。如果我們無法假定絕大多數人都願意說眞話，那自然無法溝通。沒有眞實就沒有理解。我們必須假定人們提出的絕大多數主張都是眞實的，否則人們描述的現實將與我們的現實沒有任何關連。如果我們生活在兩個不同的現實裡，我們不可能瞭解彼此。我們很難想像有人只會說謊，無法與人維持溝通關係。說謊從定義上來說就是一種次現象，是一種偏差行爲。我們必須假定絕大多數溝通都符合眞實。

想像在一般日常中，你跟家人、朋友與同事說話，收電子郵件、閱讀報紙、看新聞，以及跟店員閒聊等等，你顯然接收到了大量資訊，裡面提到各式各樣的東西。除非情況特殊，尤其是如果某人的說法顯然與你相信爲眞的事物相衝突，否則你會理所當然地認爲每個人是誠實的。一般來說，我們對待彼此的態度絕對不是藉由說謊來欺騙彼此。反過來說，成天想要騙人也不是件容易的事。想像一下，你假定絕大多數人在日常中都是不誠實的，那會是什麼樣的景象。你會發現自己幾乎無法與任何人互動。

現在我們可以簡單回答「你可以相信誰」這個問題，答案是大多數時候的絕大多數人。我們之前提過，絕大多數人說謊的頻率低於平均值。[6]社會心理學研究指出，人們日常互動時，說謊的比例平均是百分之二十五。然而，這個數字有誤導之嫌，因爲絕大多數參與研究的人幾乎很少說謊，只有少數人很常說謊，後者拉高了整體的平均。這些愛說謊的人拉高了數字，但他們在整個群體中不具代表性。也就是說，少數人說了絕大多數的謊，而多數人說了很少的謊。從這個意義來說，符合眞實其實才是我們人類的典型。此外，說謊頻率的研究本身在設計時很容易產生偏高的說謊次數。研究的結果顯示人們每四次互動就有一次說謊，而研究規定每次對話必須至少持續十分鐘不說謊才能歸類爲「誠實」的對話，但任何對話無論多麼簡短，只要出現謊話，哪怕只有一次，都必須歸類爲「不誠實」的對話。整體而言，以我們彼此互動時溝通的內容來說，謊言畢竟還是占了很小的比例。

事實上，正因如此，說謊的人才能順利騙人。說謊的少數人成功利用了誠實的多數人創造的信任關係。沒有信任，謊言不可能成功。因此，對說謊者來說，絕大多數時間還是應該保持誠實，謊言則必須謹慎使用，畢竟沒有人會相信一個惡名昭彰的說謊者。如漢娜・鄂蘭指出的，相較於誠實的人，說謊的人有個巨大優勢：他預先知道自己的聽眾想聽什麼，因此他可以調整自己的訊息，他不會刻意講出與現實相符的內容，因爲有時候這種說法聽起來反而比謊言更不合理。[7]

說謊破壞了我們在合作時需要的信任。蒙田提到：

> 唯有透過話語我們才能被理解。凡是扭曲話語的人，等於背叛了公共社會。話語是我們用來溝通願望與思想的唯一工具；話語是我們靈魂的翻譯：如果我們沒有了話語，我們就無法結合在一起；我們再也無法相互認識。如果話語欺騙我們，話語將打破所有的交流，讓緊密結合的政體瓦解。[8]

說謊是如此嚴重的現象，因此如果有人能用簡單的方式揭露說謊者，那將會是一件皆大歡喜的事。可惜，現在沒有能夠揭露說謊者的方法。當有人正在對你說謊時，你找不到任何技術可以在當下揭穿說謊者。絕大多數的謊言只能在事後揭穿。如果你研讀各種作品，想找出能顯示有人正在說謊的各項徵兆，你會發現這類徵兆根本不存在。有不少文化不約而同地指出，說謊的人會避免跟你眼神接觸，然而並沒有科學證據能夠證明這一點。[9]說謊的人有時會直視你的眼睛，有時不會。有些說眞話的人會看著你眼睛，有些不會。用是否直視你的眼睛來區別說謊的人與說眞話的人，其實一點意義也沒有。還有人認爲，不友善、不確定與猶豫不決這些行爲特徵也可以顯示有人在說謊。[10]這些行爲確實會讓人不容易相信說話者，但這與說話的人是否誠實一點關係也沒有。如果你看起來友善、沉著、自信與充滿熱忱，人們很可能覺得你是個誠實的人，然而這些特質跟你實際上「是否」誠實根本無關。我們可以多少精確地預測哪個說話者會被認爲是誠實的，而哪個說話者會被認爲是不誠實的，但這無助於判定實際的情況。要說有什麼跡象可以顯示說謊的可能，那就是說謊者的音調通常會高一點，而他們的瞳孔可能會有點放大，然而即使如此也無法給予我們更好的謊言偵測能力。有些人接受過揭露說謊者的訓練，可以更有效地認出說謊者，然而與此同時，他們也變得不容易看出誰在說眞話，說穿了，他們的精確度也沒有比一般人高多少。[11]我們甚至可以說，這些人受的訓練並未使他們成爲區別誠實與不誠實的人的高手，只能說，訓練使他們變得更多疑。

在研究中，受試者被要求辨識誰在說謊或誰說了眞話，他們的準確度只比擲銅板好一點，大約百分之五十四。統計上來說，這個數字並非毫無意義，只是因爲太低而無法產生任何實際用途。辨識說謊者的準確度之所以比純粹的偶然稍微高一點，而不是高出一大截，原因可能出在雖然有些說謊者能力太差、一下子就被看出來，但絕大多數的說謊者其實相當聰明。

此外必須注意的是，在研究中，受試者已經做好心理準備，自己受騙的機率很高。在日常生活中，我們很少用這種態度待人。我們通常抱持著非深思熟慮的假定，認爲絕大多數人都會說眞話，加上我們又不擅長認出謊言，這表示有能力的說謊者絕大多數時間都會得手。附帶一提，不由自主說的謊言成功的機率要比預謀的謊言稍微高一點。

「看似」誠實與「眞的」誠實，兩者之間幾乎不存在任何連結。絕大多數看似誠實的人確實誠實，但絕大多數不誠實的人看起來也很誠實。有些人看起來不誠實，實際上卻很誠實，當然，有一些無望的說謊者看起來不誠實，實際上也不誠實。你在說謊的人與誠實的人身上都可以看到相同的行爲，也就是說，你會在說謊的人身上看到你認爲屬於誠實的人的行爲。誠實與不誠實的「跡象」實際上毫無意義。研究這些跡象，頂多能讓你學習如何成爲一個更厲害的說謊者，而不是更能辨識說謊者。你可以學習如何看起來更誠實，但這無法幫助你看出誰「眞的」誠實。

如果你想提升自己辯識謊言的能力，只需做到一件事：當人們說話時，不要去注意對方「做」什麼，而要注意對方實際上「說」什麼。首先，根據你相信的事物來判斷對方是否說得有道理？對方說的話是否有憑有據？其次，瞭解這個人平日是否誠實當然會有點幫助。能夠揭露謊言的是「事實」，而不是說謊者的行爲，除非是說謊者主動承認自己說謊。無論如何，如果你要揭露謊言，重點不在於說謊者內心的想法，而在於實際的事實。評估話語的眞實性，這是說話者「與」聆聽者共同的責任。

我們之前提過，一般來說聰明的做法是假定大家都會說眞話，原因只是絕大多數人都是如此。有時你會遭到愚弄，但偶爾遭到愚弄總比一輩子都在懷疑別人好。缺乏信任的生活令人感到孤獨。我們對眞實與謊言的看法會影響我們對自我的認識、我們與他人的關係以及我們生活的社會。《詩篇》（116:11）寫道：「是人都會說謊。」這句話也許是對的，但說得更精確，絕大多數人都很誠實，他們只是無法隨時保持誠實。

我們譴責說謊，但這不表示我們要走到另一個極端，堅持絕對要向對方說出完整而充分的眞話。如果人把內心的所有話都說出來，會發現人們無法忍受彼此。我們必須有所隱藏，必須區別私領域與公領域。齊美爾強調，社會關係需要某種程度的掩蓋與隱匿，至於要掩蓋與隱匿多少則取決於關係類型，他認爲說謊是基於這種必要而產生的原始表達。[12]康德的《人類學》（*Anthropology*）也提出相同觀點。他表示，我們可以想像其他星球上的某種生物只能大聲思考，亦即，他們必須把內心所想的完全表達出來。[13]他寫道，除非他們是天使，否則他們無法容忍彼此——他們也不可能組成社群。人類社群需要一定程度的僞裝。我們先前提過，康德認為隱藏自己的想法是可接受的，但說謊不可接受。

眞實對於我們的日常溝通其實不是那麼重要，它的功能通常只是作為人與人之間的「黏著劑」。我們的語言有許多用途，語言在許多情況下有著比講述眞實更重要的功能。一個堅持在每個場合、每個時刻都要尋求深刻與絕對眞實的人，舉例來說，即使是在派對上，大家舉著酒杯閒聊的時候，他也堅持要追求眞實，這種做法明顯破壞與他人來往的社會規範，最終不會有人能忍受他的做法，而他也將發現，愈來愈少人邀請他參加派對。世上不僅有病態的說謊者，也有病態的追求眞實者，後者往往缺乏對社會關係的瞭解。也就是說，我們不需要總是講眞話，就算要說，也應該委婉地表達。如果你被要求在飯後說幾句話，人們不會預期你發表一篇類似餐廳評論的演說。批評式的內容，例如醬汁太鹹或肉太老，不應該在這裡出現。訃聞通常都會呈現已逝者最好的一面。把死者說成是毫無天分、不可靠的混蛋，就算是眞話，也嚴重違反社會風俗。在許多情況下，謊言與鬼扯不僅能被接受，而且符合人們預期，兩者在這裡幾乎不會造成任何傷害。在某些情況下，說眞話並非說話者的主要任務，而在場的說話者與聆聽者也都能完全瞭解。

我們也曾指出，只有當聆聽者有合理理由預期說話者必須符合眞實時，說謊才能成立。說謊似乎是一種可以輕易解決問題的方式，但長期而言則非如此。說謊之後還要圓謊，但眞實不需要。你必須留意自己說了什麼，並且留意自己的一言一行，確保自己不會露出馬腳。如果你對幾個人說謊，尤其對每個人說的謊不太一致時，那麼一旦在某個場合，這些人同時在場，你將面臨極大的挑戰。說謊的人在與他人會面時很難全心投入，因爲他必須不斷地自我監督，這使得他無法用眞實的自我與他人來往，因而無法與他人建立眞正的連結。因爲他人有可能識破你的謊言，所以說謊不僅可能破壞他人與你的關係，也會破壞你與他人的關係。說謊會讓你與他人保持距離。如果說眞話，你根本不用擔心這種事。

卡夫卡（Franz Kafka）指出：「人要盡可能不說謊，只能仰賴自己盡可能不說謊，而不是仰賴沒有機會說謊。」[14]他的意思是，符合眞實要靠自己，而不是仰賴外在環境。如果你是因爲外在環境阻止你犯錯才做出正確行爲，那麼就表示你尚未建立起自身的品格。人不說謊，甚至在最細微的事情上也不說謊，那是因爲人只要一說謊就會成爲一個「說謊的人」。此外，人還會變得習慣說謊。亞里斯多德強調，道德的學習主要是學習在正確的時間以正確的方式感受到正確的事。不斷地說謊，你會忘記做正確的事是什麼感覺。最近的神經科學研究也提供佐證。我們說謊時，大腦會放出信號讓我們感到不適，但反覆說謊會減少這類信號的數量。[15]簡言之，謊說得愈多，你愈不會產生罪惡感或不適。

不僅如此，我們還會有一種幻覺，以爲瞭解自己就能瞭解他人。事實上，人類是出了名的自欺者，我們幾乎無法瞭解自己。然而我們卻認爲可以把對自我的認識運用在他人身上。舉例來說，我們知道一個人對於自我形象與暴力的連結，會決定一個人是否容易訴諸暴力。[16]認爲自己有暴力傾向的人，通常也會認爲他人具有暴力傾向，而這些人普遍相信在特定情況下，使用暴力是正當的。同樣地，我們發現欺騙他人的人，往往認爲他們欺騙的對象本身也是騙子，他們並未欺騙誠實的人。[17]說謊的人因爲說謊而不被信任，他們也認爲其他說謊的人不值得信任。由於他人不值得信任，所以結論是對他們說謊是正當的。說謊的行爲演變成一種自我強化的過程。說謊的人生活在一個與誠實的人不同的世界裡，你可以說，他們身處於一個不值得信任的世界，而非一個值得信任的世界。現實上，一般人都是可信任的，然而一旦開始說謊，說謊的人對於世界的信任將逐漸崩解，說謊的人每說一個謊，他會愈感受到自己生活在一個愈來愈不值得信任的世界裡。這絕對不是一個好的人生。

我找不出別人對我說謊而我因此得利的例子。當然，我每次得知別人對我說謊都是事後的事，也許眞的有人對我說謊而我因此獲利，但我對此深感懷疑。我也想不出我對某人說謊，而某人——長期而言——因此獲利的例子。這不表示我說過的每個謊言都造成了不可逆的損害，事實上，我說的絕大多數謊言都是無害的，不過如果能夠重來，我希望我能選擇說謊以外的方式。

似是而非造成的問題或許比說謊更大。同樣地，心智上的懶惰造成的問題也可能比預謀欺騙更大。我們從不費心去反思我們相信爲眞的事物是否眞的爲眞，而這正是我們與他人互動時產生虛假的主要原因。然而，說謊之所以更讓人感到惱怒，是因爲它毫不留情地破壞信任。當我對你說謊時，我向你求助，尋求你的善意，希望你相信我，而我卻利用你的善意來占你便宜。

我們有努力符合眞實的道德責任，不僅對他人如此，對自己也是如此。最重要的其實不是眞實本身，因爲眞實是我們無法控制的。眞實不一定符合我們的心意與欲望，無論我們喜不喜歡，眞實都會存在。另一方面，在絕大多數況下，符合眞實卻是我們的意志可以追求的目標。不需要高階的眞實理論，也能做到眞實的兩種美德：眞誠與精確。你可以表示自己相信的事物是什麼，並且做出合理的努力去檢視你所相信的是否爲眞，能做到這一點就已足夠。這是我們每個人都該做的事，但在現實上，不是每個人在每個時刻都能做到。

致謝

感謝西里・索爾利（Siri Sørlie）、艾斯本・加姆隆德（Espen Gamlund）、埃里克・托斯滕森（Erik Thorstensen）、厄林・凱格（Erling Kagge）與尤阿基姆・波頓（Joakin Motten）對本書的評論。本書出現的任何不精確或錯誤之處，由作者負起全責。我已經嘗試做到符合真實，但也許會有一些似是而非與鬼扯的東西偷偷潛入其中。儘管如此，我確實希望本書可以做到毫無謊言。

謊言的哲學／拉斯・史文德森（Lars Svendsen）作；
新北市：木馬文化事業股份有限公司出版：
遠足文化事業股份有限公司發行，2024.03
208 面；14.8×21 公分
譯自：A Philosophy of Lying.
ISBN 978-626-314-547-4（平裝）

1.CST：說謊 2.CST：社會心理學

177　　113000496

謊言的哲學

Løgnens
filosofi

作者　拉斯・史文德森 Lars Fr. H. Svendsen
譯者　黃煜文

副社長　陳瀅如
總編輯　戴偉傑
主編　李佩璇
編輯　邱子秦
編輯協力　于念平
行銷企劃　陳雅雯、張詠品

內文排版　張家榕
封面設計　徐睿紳

出版　木馬文化事業股份有限公司
發行　遠足文化事業股份有限公司（讀書共和國出版集團）

地址　231 新北市新店區民權路 108-4 號 8 樓
電話　(02)2218-1417
傳真　(02)2218-0727
Email　service@bookrep.com.tw
郵撥帳號　19588272 木馬文化事業股份有限公司
客服專線　0800-221-029

法律顧問　華洋法律事務所　蘇文生律師
印刷　漾格科技股份有限公司

初版　2024 年 3 月
定價　380 元
ISBN　978626-314-595-5
9786263145931（EPUB）
9786263145948（PDF）

引用文獻
References

導論

1. Timothy R. Levine, *Duped: Truth-Default Theory and the Social Science of Lying and Deception*, Tuscaloosa: The University of Alabama Press 2020, ch. 9.
2. 這方面的討論，比較好的概論，見 Jörg Meibauer, ed., *The Oxford Handbook of Lying*, Oxford: Oxford University Press 2018.
3. 關於社會心理學的概論，見 Bella M. Depaulo, 'Lying in Social Psychology', in Jörg Meibauer, ed., *The Oxford Handbook of Lying*, Oxford: Oxford University Press 2018.

1 什麼是說謊？

1. Arne Næss, *'Truth' as Conceived by Those Who Are Not Professional Philosophers*, texts published by Det Norske Videnskaps-Akademi i Oslo II. Hist.-Filos. Klass 1938 No. 4, Oslo: Jacob Dybwad 1938.
2. Aristotle, Metaphysics, trans. W. D. Ross, in *The Complete Works of Aristotle ii*, Princeton, Princeton University Press 1985, 1011b25.
   繁體中文版　《形而上學：研究所有哲學的基本問題之學問》，亞里士多德，吳壽彭譯，五南，2018
3. Bernard Williams, *Truth and Truthfulness: An Essay in Genealogy*. Princeton: Princeton University Press 2002.

4. Immanuel Kant, 'An Answer to the Question: "What is Enlightenment?"', in Kant: *Political Writings*, trans. H. B. Nisbet, Cambridge: Cambridge University Press 1991, p. 54.
5. Augustine, 'Enchiridion' and 'De Mendacio', in Kevin deLapp and Jeremy Henkel, ed., *Lying and Truthfulness*, Indianapolis/Cambridge: Hackett Publishing Company 2016, pp. 4–35.
6. Immanuel Kant, *Critique of the Power of Judgement*, trans. Paul Guyer and Eric Matthews, Cambridge: Cambridge University Press 2002, §53.
繁體中文版　《判斷力批判》，康德，五南，2019
7. Ludwig Wittgenstein, *Philosophical Investigations*, trans. G.E.M. Anscombe, Oxford: Blackwell: 1963, §249.
繁體中文版　《哲學研究》，維根斯坦，桂冠，1995
8. 同上，§580.
9. George Orwell, 'Politics and the English Language', *Horizon*, 76/1946.
10. George Orwell, *Nineteen Eighty-Four: A Novel*, London: Secker & Warburg 1949
繁體中文版　《一九八四》，徐立妍譯，遠流，2012
11. Harry Frankfurt, 'On Bullshit', in *The Importance of What We Care About*, Cambridge: Cambridge University Press 1988, p. 130.

2 說謊倫理學

1. Sissela Bok, Lying: *Moral Choice in Public and Private Lives,* New York: Vintage Books 1979.
2. Aristotle, Nicomachean Ethics, trans. W. D. Ross, *The Complete Works of Aristotle II*, Princeton, Princeton University Press 1985, 1011b25, 1127a30.
繁體中文版　《尼各馬可倫理學》，亞里斯多德，廖申白譯，五南
3. 同上，1127a27

4. 同上，1127b4–8.

5. Aristotle, *Rhetoric*, trans. W. Rhys Roberts, in *The Complete Works of Aristotle II*, Princeton, Princeton University Press 1985, 1417b36–1418a1.

6. Hugo Grotius, The Law of War and Peace, trans. Francis W. Kelsey, in Kevin deLapp and Jeremy Henkel, ed., Lying and Truthfulness, Indianapolis/Cambridge: Hackett Publishing Company 2016, pp. 38–52.

7. Blaise Pascal, The Provincial Letters, trans. A. J. Kreilsheimer,London: Penguin Books 1988, 9th letter, p. 140f.

8. Augustine, *Enchiridion and De Mendacio*, pp. 4–35.

9. Thomas Aquinas, *Summa Theologiae*, in Kevin deLapp and Jeremy Henkel, ed., *Lying and Truthfulness*, Indianapolis/Cambridge: Hackett Publishing Company 2016, pp. 158–84.

10. Immanuel Kant, *Groundwork of the Metaphysics of Morals*, trans. Mary Gregor, Cambridge: Cambridge University Press 2011, p. 402

11. Immanuel Kant, *Anthropology From a Pragmatic Point of View*, trans. Mary J. Gregor, The Hague: Martinus Nijhoff 1974, § 14. Immanuel Kant, The Metaphysics of Morals, trans. Mary Gregor, Cambridge: Cambridge University Press 1991, p. 431.
繁體中文版　《道德底形上學》，康德，李明輝譯，聯經出版公司，2015

12. Immanuel Kant, *Lectures on Ethics*, trans. Peter Heath, Cambridge: Cambridge University Press 1997, p. 700.

13. Kant, *Lectures on Ethics*, p. 62.

14. Kant, *Anthropology From a Pragmatic Point of View*, p. 332.

15. Kant, *Lectures on Ethics*, p. 446ff.

16. Kant, *The Metaphysics of Morals*, p. 429. Kant, *Lectures on Ethics*, pp. 604f., 700.
繁體中文版　《道德底形上學》，康德，李明輝譯，聯經出版公司，2015

17. Kant, *The Metaphysics of Morals*, p. 429.
繁體中文版　《道德底形上學》，康德，李明輝譯，聯經出版公司，2015

18. 同上，p. 426.

19. Immanuel Kant, 'Üein vermeintes Recht aus Menschenliebe zu lügen', in *Kants gesammelte Schriften*, vol. viii, Preußischen Akademie der Wissenschaften, ed. de Gruyter, Berlin/New York 1902–, p. 426.

20. Kant, *Groundwork of the Metaphysics of Morals,* p. 421.

21. Kant, *Groundwork of the Metaphysics of Morals*, p. 429.

22. Baruch Spinoza, *The Ethics and Selected Letters*, trans. Seymour Feldman, Indianapolis: Hackett 1982, E4p72, p. 195.

    繁體中文版　《倫理學》，斯賓諾莎，國家教育研究院、邱振訓譯，王超群整理，五南，2021

23. Kant, 'Über ein vermeintes Recht aus Menschenliebe zu lügen'.

24. 同上，p. 427.

25. 同上，pp. 426, 429.

26. Williams, *Truth and Truthfulness*, p. 110.

27. 同上，p. 115.

28. Arthur Schopenhauer, *Die Welt als Wille und Vorstellung I, Sämtliche Werke, Band I*, Frankfurt a.M., Suhrkamp Verlag 1986, pp. 461–6; Arthur Schopenhauer, *Über die Grundlage der Moral, Sämtliche Werke, Band III*, Frankfurt a.M., Suhrkamp Verlag, 1986, pp. 755–9.

    繁體中文版　《作爲意志和表象的世界》，亞瑟・叔本華，石 白譯，新雨，2023

29. Jeremy Bentham, *An Introduction to the Principles of Morals and Legislation*, London: Methuen, 1982 (1789).

30. John Stuart Mill, 'Bentham', in *Essays on Ethics, Religion and Society*, London: Routledge 1969, p. 112.

31. John Stuart Mill, *Utilitarianism, in Essays on Ethics, Religion and Society*, London: Routledge 1969, p. 223.

    繁體中文版　《效益主義》，約翰・斯圖爾特・彌爾，李華夏譯，五南，2023

32. John Stuart Mill, 'Whewell on Moral Philosophy', in *Essays on Ethics, Religion and Society*, London: Routledge 1969, p. 182.
33. Bok, *Lying*, p. 115.
34. Michel de Montaigne, 'On Liars', *The Complete Essays*, trans. M. A. Screech, London: Penguin Books 1991, p. 35.
    繁體中文版　《蒙田隨筆》，蒙田，馬振騁譯，五南，2019
35. Adam Smith, *The Theory of Moral Sentiments*, Glasgow Edition, vol. i, Indianapolis: Liberty Fund 1976, p. 338.
    繁體中文版　《道德情操論》，亞當・史密斯，康綠島譯，狠角舍文化，2011

3 對自己說謊

1. Robert Trivers, *The Folly of Fools: The Logic of Deceit and Self-Deception in Human Life*, New York: Basic Books 2011.
2. Friedrich Nietzsche, *Human, All Too Human*, trans. R. J. Hollingdale, Cambridge: Cambridge University Press 1996, §52, p. 40.
3. K. Patricia Cross, 'Not Can But Will College Teachers Be Improved?' *New Directions for Higher Education*, 17/1977.
4. Emily Pronin, Daniel Y. Lin, D. Y. & Lee Ross, 'The Bias Blind Spot: Perceptions of Bias in Self Versus Others', *Personality and Social Psychology Bulletin*, 3/2002.
5. Bernard Williams, 'Truth, Politics, and Self-Deception', *Social Research*, 3/1996, p. 606.
6. Blaise Pascal, *Pensées and Other Writings*, trans. Honor Levi, Oxford: Oxford University Press 1999, p. 179.
7. Jean-Jacques Rousseau, *The Reveries of the Solitary Walker*, trans. Charles E. Butterworth, Indianapolis: Hackett Publishing Company, Indianapolis 1992, p. 44.
   繁體中文版　《一個孤獨漫步者的遐想》，盧梭，袁筱一譯，自由之丘，2020
8. 關於盧梭與休謨之間的友誼與不和，見 David Edmonds and John Eidinow: *Rousseau's*

Dog: A Tale of Two Great Thinkers at War in the Age of Enlightenment, London: Faber & Faber 2007.

9. Rousseau, *The Reveries of the Solitary Walker*, p. 84.
   繁體中文版　《一個孤獨漫步者的遐想》，盧梭，袁筱一譯，自由之丘，2020
10. Jean-Jacques Rousseau, *The Confessions and Correspondence, Including the Letters to Malherbes*, general ed. Christopher Kelly, Hanover/London: University Press of New England 1995, p. 551f.
   繁體中文版　《懺悔錄》，盧梭，李平漚譯，五南，2018
11. Rousseau, *The Confessions and Correspondence*, pp. 289, 300.
   繁體中文版　《懺悔錄》，盧梭，李平漚譯，五南，2018
12. 同上，p. 433.
13. Rousseau, *The Reveries of the Solitary Walker*, p. 53.
   繁體中文版　《一個孤獨漫步者的遐想》，盧梭，袁筱一譯，自由之丘，2020
14. 在《懺悔錄》中，盧梭宣稱他可以隨意跟任何人談起這件事。(Rousseau, *The Confessions and Correspondence*, p. 300.)
   繁體中文版　《懺悔錄》，盧梭，李平漚譯，五南，2018
15. Rousseau, *The Reveries of the Solitary Walker*, p. 52.
   繁體中文版　《一個孤獨漫步者的遐想》，盧梭，袁筱一譯，自由之丘，2020
16. 同上，p. 57.
17. 引自 Joanna Bourke, *An Intimate History of Killing: Face-to-Face Killing in Twentieth-Century Warfare*, London: Granta Books 1999, p. 171f.
18. Rousseau, *The Reveries of the Solitary Walker*, p. 1.
   繁體中文版　《一個孤獨漫步者的遐想》，盧梭，袁筱一譯，自由之丘，2020
19. Smith, *The Theory of Moral Sentiments,* p. 84.
   繁體中文版　《道德情操論》，亞當・史密斯，康綠島譯，狠角舍文化，2011
20. 同上，p. 110.
21. 同上，p. 153.

22. 同上，p. 113f.

23. 同上，p. 158f

24. T. S. Eliot, *The Complete Poems and Plays*, London/Boston: Faber & Faber 1969, p. 14.

25. Erving Goffman, *The Presentation of Self in Everyday Life*, New York: Doubleday 1959.
繁體中文版　《日常生活中的自我呈現》，厄文・高夫曼，黃煜文譯，商周出版，2023

26. Kant, *Anthropology From a Pragmatic Point of View*, §14, p. 151.

27. 參見 Paul Ricoeur, *Oneself as Another*, trans. Kathleen Blamey, Chicago: University of Chicago Press 1992.

28. François de La Rochefoucauld, *Collected Maxims and other Reflections*, trans. E. H. and A. M. Blackmore and Francine Giguére, Oxford: Oxford University Press 2007, §119.
繁體中文版　《僞善是邪惡向美德的致敬：人性箴言》，弗朗索瓦・德・拉羅什福柯，黃意雯譯，八旗文化

29. Quin M. Chrobak & Maria S. Zaragoza, 'Inventing Stories: Forcing Witnesses to Fabricate Entire Fictitious Events Leads to Freely Reported False Memories', *Psychonomic Bulletin and Review,* 15/2008.

30. Danielle Polage, 'The Effect of Telling Lies on Belief in the Truth', *Europe's Journal of Psychology*, 4/2017

4　謊言與友誼

1. Erving Goffman, *The Presentation of Self in Everyday Life*, New York: Doubleday 1959, p. 59.
繁體中文版　《日常生活中的自我呈現》，厄文・高夫曼，黃煜文譯，商周出版，2023

2. Aristotle, *Nicomachean Ethics,* 1099a31–b7, 1155a22–6, 1169b10.

繁體中文版　《尼各馬可倫理學》，亞里斯多德，廖申白譯，五南，2021

3. Aristotle, *Eudemian Ethics*, trans. J. Solomon, *The Complete Works of Aristotle II*, Princeton, Princeton University Press 1985, 1237b11–30.
4. La Rochefoucauld, *Collected Maxims*, §84.
   繁體中文版　《僞善是邪惡向美德的致敬：人性箴言》，弗朗索瓦・德・拉羅什福柯，黃意雯譯，八旗文化
5. 同上，§86.
6. Kant, *The Metaphysics of Morals*, p. 471. Kant, *Lectures on Ethics*, p. 425f.
   繁體中文版　《道德底形上學》，康德，李明輝譯，聯經出版公司，2015
7. Kant, *Lectures on Ethics*, p. 679.
8. Kant, *The Metaphysics of Morals*, p. 471f.
   繁體中文版　《道德底形上學》，康德，李明輝譯，聯經出版公司，2015
9. Kant, 同上，p. 471.
10. Kant, *Lectures on Ethics*, p. 430.
11. Emmanuel Carrère, *The Adversary*, trans. Linda Coverdale, London: Picador 2002.
12. La Rochefoucauld, *Collected Maxims*, §410.
    繁體中文版　《僞善是邪惡向美德的致敬：人性箴言》，弗朗索瓦・德・拉羅什福柯，黃意雯譯，八旗文化
13. 同上，§147.
14. Plato, Laws, trans. A. E. Taylor, Plato: *Collected Dialogues*, Princeton: Princeton University Press 1989, 730c.
    繁體中文版　《法篇》，柏拉圖，王曉朝譯，左岸文化，2007

5　說謊政治學

1. Plato, *Republic*, trans. Paul Shorey, Plato: *Collected Dialogues*, Princeton: Princeton

University Press 1989, 415d.

繁體中文版　《理想國》，柏拉圖，吳松林譯，華志文化，2018

2. 同上，389b.
3. 同上，389b–c.
4. 同上，389d.
5. 同上，459c–d.
6. Plato, *Laws*, 730c.
7. Niccolò Machiavelli, *The Prince*, trans. Peter Bondanella, Oxford: Oxford University Press 2005, ch. xviii. Cf. Niccolò Machiavelli, *Discourses On Livy*, trans. Harvey C. Mansfield & Nathan Tarcov, Chicago: The University of Chicago Press 1996, Book iii. xl-xlii.

   繁體中文版　《君王論》，馬基維利，何欣譯，台灣中華書局，2023

   繁體中文版　《論李維羅馬史》，馬基維利，呂健忠譯，五南，2019
8. Machiavelli, *Discourses On Livy*, Book I.iii.

   繁體中文版　《論李維羅馬史》，馬基維利，呂健忠譯，五南，2019
9. Thomas Hobbes, *Leviathan*, Cambridge: Cambridge University Press 1991, ch. 27, p. 206.

   繁體中文版　《利維坦》，湯瑪斯・霍布斯，莊方旗譯，五南，2021
10. 同上，ch. 13, p. 90.
11. 同上，ch. 30, p. 231f.
12. 同上，ch. 42.
13. 同上，ch. 46, p. 474.
14. Max Weber, 'The Profession and Vocation of Politics', *Political Writings*, trans. Ronald Speirs, Cambridge: Cambridge University Press, p. 359f.
15. 同上，p. 360.
16. 關於「弱結果主義」，見 Brian Barry, *Liberty and Justice*, Oxford: Clarendon Press, 1991.

17. Weber, 'The Profession and Vocation of Politics',p. 359.

18. Hannah Arendt, *Essays in Understanding*, New York: Shocken Books 1994, p. 354.

19. Alexandre Koyré, 'The Political Foundation of the Modern Lie', *Contemporary Jewish Record*, viii/1945, s. 291.

20. Hannah Arendt, 'Truth and Politics', in *Between Past and Future: Eight Exercises in Political Thought*, New York: Viking Press 1969.
繁體中文版　《過去與未來之間：政治思考的八場習練》，漢娜・鄂蘭，李雨鍾、李威撰、黃雯君譯，商周文化，2021

21. Hannah Arendt, *The Origins of Totalitarianism*, San Diego/New York/London: Harcourt Brace & Company 1979 (1951), p. 9.
繁體中文版　《極權主義的起源》，漢娜・鄂蘭，李雨鍾譯，商周文化，2022

22. Hannah Arendt, *Essays in Understanding*, New York: Shocken Books 1994, p. 147.

23. 引自 James M. Glass, '*Life Unworthy of Life*': *Racial Phobia and Mass Murder in Hitler's Germany*, Basic Books, New York 1997, p. 27.

24. Arendt, *Essays in Understanding*, p. 354. 參見 *Arendt, The Origins of Totalitarianism*, pp. 385, 392.

25. Hannah Arendt, 'From an Interview', *New York Review of Books*, 26 October 1978.

26. Arendt, *The Origins of Totalitarianism*, p. 478.
繁體中文版　《集權主義的起源》，漢娜・鄂蘭，李雨鍾譯，商周出版，2022

27. Aristotle, *Nicomachean Ethics*, 1161b9f.
繁體中文版　《尼各馬可倫理學》，亞里斯多德，廖申白譯，五南，2021

28. Arendt, *The Origins of Totalitarianism*, p. 477.
繁體中文版　《集權主義的起源》，漢娜・鄂蘭，李雨鍾譯，商周出版，2022

29. Harry Frankfurt, 'On Bullshit', in *The Importance of What We Care About*, Cambridge: Cambridge University Press 1988,p. 133.

30. Hannah Arendt, *'Between Past and Future. Eight Exercises in Political Thought,'* p. 241.
繁體中文版　《過去與未來之間：政治思考的八場習練》，漢娜・鄂蘭，李雨

鍾、李威撰、黃雯君譯，商周出版，2021

31. 參見 Eric Alterman, *When Presidents Lie: A History*, New York: Viking 2004.
32. Jody Powell, T*he Other Side of the Story*, New York: William Morrow & Co 1984, p. 223.
33. 參見 John J. Mearsheimer, *Why Leaders Lie: The Truth About Lying in International Politics*, Oxford/New York: Oxford University Press 2013, pp. 50–55.
34. 同上。
35. Henry Kissinger, *Years of Upheaval*, Boston: Little, Brown and Company 1982, pp. 214, 485.
36. John Rawls, *A Theory of Justice*, Cambridge, ma: Harvard University Press, 1971, p. 133; John Rawls, *Political Liberalism*, New York: Columbia University Press, 1996 (1993), p. 66ff.
37. Glen Newey, 'Political Lying: A Defense', *Public Affairs Quarterly*, 2/1997.
38. 針對川普在公開場合的虛僞造假，收集最廣泛的是 *The Washington Post* Fact Checker Staff, *Donald Trump and His Assault on Truth: The President's Falsehoods, Misleading Claims and Flat-Out Lies*, New York: Scribner 2020.
39. Pew Research Center, 'Republicans and Democrats Agree: They Can't Agree on Basic Facts', 23 August 2018, www.pewresearch.org.

6 與說謊共存

1. 參見 Bok, *Lying*.
2. Knud Ejler Løgstrup, *The Ethical Demand*, trans. Theodor I. Jensen, Notre Dame: University of Notre Dame Press 1997, p. 8.
3. Georg Simmel, *Philosophie des Geldes, Gesamtausgabe Band 6*, Suhrkamp, Frankfurt a.M. 1989, p. 215.

4. 同上。
5. Georg Simmel, *Soziologie. Untersuchungen über die Formen der Vergesellschaftung, Gesamtausgabe Band 11*, Suhrkamp, Frankfurt a.M. 1989, p. 393.
6. Levine, *Duped*, ch. 9.
7. Hannah Arendt, *Crises of the Republic*, San Diego/New York/London: Harcourt Brace 1972, p. 6.
繁體中文版　《共和危機》，漢娜・鄂蘭，蔡佩君譯，時報出版，1996
8. Michel de Montaigne, 'On giving the lie', *The Complete Essays*, trans. M. A. Screech, London: Penguin Books 1991, p. 757.
繁體中文版　《蒙田隨筆》，蒙田，馬振騁譯，五南，2019
9. Levine, *Duped*, p. 9.
10. 同上，p. 248.
11. 同上，p. 46.
12. Simmel, *Soziologie. Untersuchungen über die Formen der Vergesellschaftung*, pp. 383–414. Georg Simmel, 'Zur Psychologie und Soziologie der Lüge', in *Aufsätze und Abhandlungen 1894-1901, Gesamtausgabe Band 5*, Suhrkamp, Frankfurt a.M. 1995, pp. 406–19.
13. Kant, Anthropology *From a Pragmatic Point of View*, p. 322.
14. Franz Kafka, *Die Zürauer Aphorismen*, Frankfurt A.M. Suhrkamp 2006, § 58.
15. Neil Garrett, Stephanie C. Lazzaro, Dan Ariely and Tali Sharot, 'The Brain Adapts to Dishonesty', *Nature Neuroscience* 19/2016.
16. Lonnie Athens, *Violent Criminal Acts and Actors Revisited*, Urbana/Chicago: University of Illinois Press 1997, ch. 6 and 7.
17. Brad J. Sagarin, Kelton L. Rhoads and Robert B. Cialdini, 'Deceiver's Distrust: Denigration as a Consequence of Undiscovered Deception', *Personality and Social Psychology Bulletin*, 11/1998